北仲争议解决新视野译丛

WILEY BIAC

北京仲裁委员会
Beijing Arbitration Commission
北京国际仲裁中心
Beijing International Arbitration Center

遇／预见未来的法律人

美国 30 名顶尖调解人的成功路径

Jeffrey Krivis
[美] 杰弗里·克里维斯
Naomi Lucks
娜奥米·勒克斯 著
许捷 译

法律出版社 LAW PRESS

Title: How to Make Money as a Mediator (And Create Value for Everyone), ISBN: 978-0787982041

Published by Jossey-Bass

著作权合同登记号
图字：01-2016-7457

《北仲争议解决新视野译丛》
编委会及编辑部名单

总序

北京仲裁委员会（以下简称北仲）成立于1995年9月28日。作为首批依据《中华人民共和国仲裁法》设立的仲裁机构，北仲励精图治，在商事仲裁领域精耕细作十八载，逐渐成为在国内享有广泛声誉、在国际上亦有一定地位和影响力的仲裁机构。截至2012年12月31日，北仲累计受理案件20,407件，案涉金额近千亿元。长期的争议解决实践促使我们不断深入地了解各类社会矛盾的成因，急剧增长的争议解决需求也鞭策我们加快革新固有争议解决机制的步伐。面对不同处境的争议当事人，争议解决服务能否量体裁衣？什么样的争议解决服务才能有效协调、满足愈加多元化的利益诉求？一个争议解决机构又应该如何长久地保持活力和竞争力？

北仲从设立之初就清楚地意识到，能够不断满足当事人日益增长的争议解决需求，是仲裁机构的核心竞争力。这意味着北仲不仅在争议解决过程中要努力实践"独立、公正、专业、高效"的价值追求。而且，也意味着北仲还要在争议解决机制、方式、程序上不断创新，尽量满足当事人节约争议解决成本、维护信誉、保持伙伴关系，乃至拓展商业合作等多种需求。在当下社会矛盾愈加复杂、争议利益愈加重大的历史转型时期，北仲多元化争议解决事业的发展有赖于贴近实践的理论研究基础。北仲人不断地引进国际最前沿的多元化争议解决理念、推动着业界乃至社会对诸多理论和实践问题的探讨，皆旨在力求以最优的争议解决方式及时、有效、彻底地化解社会矛盾。从这个意义上来说，北仲从成立之日起，就带有强烈的使命感和社会责任感。

十八年来，北仲一直以其期刊《北京仲裁》（前身为《北仲通讯》）为平台，进行多元化争议解决的理论研究、学术探讨和经验交流。无论是推出独立的商事调解程序，还是制定建筑工程仲裁案件鉴定程序规范、制定建设工程争议评审规则，抑或是建立仲裁员信息披露制度，北仲都依赖于深入的调查和丰富的研究成果；同时，随着实力的增长，北仲越来越多地赞助、支持全社会的多元化争议解决及与其相关的各类专题研究项目、课题、培训课程，其涉及的领域之广泛、研究的问题之深入、学术探讨之专业、对社会需求的判断之前瞻，既显示了北仲视野的开阔和心态的开放，也反映出北仲传播多元化争议解决理念，引领业内快速发展，并逐步推动中国多元化争议解决机制更加完善的愿景与热忱。

由于国内传统法学教育缺乏多元化争议解决实践的内容，同时也与国际通行的实践教育有一定的脱节，导致了国内缺乏熟悉国际多元化争议解决规则、惯例的人才，并造成国内法律服务滞后于中国改革开放需要的情况。因此，北仲于 2013 年设立了“争议解决新视野译丛”（以下简称北仲译丛），采编收录的书籍以对中国多元化争议解决有指导借鉴意义的域外专业书籍为主，尤其关注那些对中国转型时期亟待解决问题非常有帮助的书籍，以期借“他山之石”以攻自家之“玉”。北仲译丛的推出有意改善多元化争议解决译著相对匮乏的局面，力求引入“原汁原味”的多元化争议解决理论教材和实践指南，介绍国际多元化争议解决领域的创新动态，切实提高国内法律人才在国际多元化争议解决实践中的实战经验和技能，提升中国商事争议解决行业的国际竞争力。

众所周知，法学书籍翻译工作非常艰辛、译者收益相对微薄，优秀的法学类翻译作品能够顺利出版已属不易。加之多元化争议解决在浩繁的法学门科内尚属冷门，即便是想要对仲裁这一相对成熟的多元化争议解决机制有所了解，可供选择的优秀译作也远不能满足实践者的不同需求。这种困境若不能改变，将不利于国内多元化争议解决事业的长远发展。北仲译丛将借助北仲现有的丰富资源，组织国内外权威专家组成丛书编委会，鼓励并支持优秀译者为国内读者选译一批有关多元化争议解决理论与实践操作的高水准域外作品。我们衷心希望，北仲译丛能够为从事多元化争议解决理论研究、教育培训和实务工作者提供更多、更新、更有实际效用的信息和素材，促进行业从业者素质和能力的提高，从而推进中国社会的和谐发展、文明进步。

编委会

二〇一三年九月二日于北京

译者序

市场化竞争的本质就是鼓励各类市场主体在法治框架下积极就各自利益诉求进行博弈。这一方面能够促进经济的创新与发展，另一方面也对法治框架的多元化内涵提出了要求。在民商事争议解决领域，仍有许多人对于法治框架的认识局限在侧重权利救济和私法秩序维护的传统诉讼机制上。但是，这种单一价值取向的认识恐难匹配利益诉求多元化的经济发展现实。

从国家统计局公开的数据上来看，自 2005 年以来，全国人民法院审理民事一审案件数量逐年以高速递增。截至 2014 年，全国人民法院民事一审案件数量高达 8,307,450 件，相较于 2005 年的数据几近翻番。[1] 进入 2015 年后，随着中央全面深化改革领导小组第十一次会议审议通过了《关于人民法院推行立案登记制改革的意见》，全国法院在 2015 年 5 月 1 日正式推行立案登记制，现行诉讼机制在争议解决功能上的局限性再次吸引了各方的关注。

2016 年 6 月，最高人民法院发布了《关于人民法院进一步深化多元化纠纷解决机制改革的意见》（法发〔2016〕14 号）。该份文件将调解作为多元化争议解决机制改革的重中之重，重申了各类调解形式在未来司法改革中的功能定位，并提出了诸多重要的司法配套保障措施。其中关于人民法院与“商事调解组织、行业调解组织的对接”、“发挥其他社会力量的作用”、“推动多元化纠纷解决机制的国际化发展”的平台

1　数据来源：http://data.stats.gov.cn/easyquery.htm?cn=C01&zb=A0S0N&sj=2014，最后访问日期：2016 年 9 月 20 日。

设想实质上拉开了调解机制市场化发展的序幕；关于“特邀调解”、“专职调解人”、“律师调解”的制度设计更直截了当地为广大法律从业者勾勒了新的职业规划方向。

虽然，调解制度市场化具备了经济上的必要性和制度上的可行性，但具体落实仍然需要广大从业者不断探索和尝试。在这方面，美国作为调解制度市场化发展较为成功的样本国家，详细观察其调解行业的发展经验乃至每个调解人的职业历练，都将有助于缩短我国调解行业由体制附庸向市场化发展转轨的过度期，并有利于尽快发挥调解制度应有的争议解决功能。

“二战”之后，美国经济得到了极大的发展，但在 20 世纪七八十年代步入了经济滞胀所导致的衰退之中。巨大的经济转型需求使传统商业环境中的各类民商事争议出现了爆发式的增长。也正是在该时期，日益增加的案件负担让美国各级法院难堪重负，转而开始在联邦和各州广泛推行和支持替代争议解决服务项目的发展。哈佛大学法学院教授弗兰克·桑德尔（Frank Sander）甚至提出“多门法院”（multidoor courthouse）的制度设想也是该时期美国司法改革方兴未艾的一例佐证。此后，在美国建设多元化争议解决体系并加以完善的过程吸引了越来越多的关注，许多法律从业者（包括律师和法官），乃至许多其他专业领域的从业者抓住了替代争议解决服务的市场机遇，纷纷投身于谈判协助、第三方调解、第三方争议评估、不具有约束力的仲裁、具有强制约束力的仲裁等多元化争议解决事业的创新和发展之中。[1] 调解，作为能够最大化限度发挥争议解决效果的替代争议解决方式之一，也为各类专业人才提供了最为广阔的舞台。调解制度以及包含调解性质的多种替代争议解决服务因此在美国司法改革中备受推崇。同时，通过调解的方式，法律从业者（以律师为主）能够低成本地接触更多的案源和客户，争议当事

1 参见托马斯·斯蒂潘诺维奇（Thomas J.Stipanowich）关于此议题的两篇文献“ADR and the‘Vanishing Trial’: The Growth and Impact of‘Alternative Dispute Resolution’”以及“The Multi-Door Contract and Other Possibilities”。

人之间以及调解人与客户之间可以进行更为充分的双向沟通，法律从业者在某种程度上通过调解的方式找到了解决“好律师与好人”的职业心理矛盾。因此，越来越多的优秀法律从业者转型投身于调解事业之中，并逐渐成为了促进美国调解行业市场化、专业化发展的重要力量。

尤其在收费调解服务的细分领域，原先作为法律从业者的调解人创造并占据了绝大部分的收入来源，部分调解人的单日调解收费标准甚至超过 6000 美元。[1] 这些现象表明调解制度市场化的发展是充分发挥调解制度优势的正确方向。如若能够始终坚持市场化导向、摒弃管制思维，调解从业者的努力必将大幅提升调解行业的经济价值。“政府补贴”或者“政府购买服务”的公益标签之外，“投入等于产出”的利益考量也必将会极大地提升调解行业的市场化、专业化程度。

本书作者以及内容贡献者均为美国调解行业中的佼佼者。本书热情的语言风格将调解人从默默无闻走向舞台中央的过程活灵活现地呈现出来。读者轻松阅读的过程中或许能够看到未来我国调解制度市场化的无限可能。这种艺术性的叙事特点在某种程度上与调解特有的“艺术性”魅力相得益彰——让争议双方当事人情绪得到充分释放、理性地建立对于合理争议解决方案的预期和渴望。我在北京仲裁委员会 / 北京国际仲裁中心参加工作六年有余，处理大量商事仲裁案件的同时，有幸也参与到了北仲调解中心的各项工作之中。对于仲裁，对于调解，对于多元化争议解决体系的未来，我充满了信心。基于此，我不仅希望通过本书的翻译让国内诸多关心调解行业发展、关心多元化争议解决体系发展的朋友了解到全面的信息和真实的经验，我更希望将自己对于调解、对于多元化争议解决体系的信心传递给更多同行者！

尽管翻译过程中，我丝毫不敢懈怠，但本书涉及美国法律行业的诸多人物，许多具体细节和特定事件背景难以考证，于翻译而言难度颇大，译文中的错误和疏漏也在所难免。在此，恳请读者诸君不吝批评指正！

1　参见陈福勇：《一天收费 6000 美元的调解人是如何调解案子的？》，载《北京仲裁》2008 年第 2 期。

我的电子邮箱是 xujie@bjac.org.cn。

我要感谢我的同事林晨曦先生帮助我完成了“30 名调解人简介”部分相关资料的收集、整理和翻译，感谢北京大学的张冰凌女士以其精湛的文字功底协助我对译文初稿精雕细琢。我还要感谢法律出版社的编辑赵明霞女士，没有她帮助校译并提出建议，本书的出版恐将遥遥无期。我还要特别感谢我的妻子陈聿文，在历时一年的翻译过程中，全由她独自承担起了照顾刚出生孩子的全部责任。没有她与我的讨论，她对我的鼓励，很难想象我能够赶在自己三十而立的年龄里完成本书的翻译。因此，这本书也是我献给妻子陈聿文和孩子许熠朗的一份礼物。

许捷　谨识

2016 年 9 月 20 日于北京

谨以此书献给国际调解人学会的

朋友和同仁们

Contents

目录

致谢

本书是美国调解实务界的翘楚通力合作之结晶，并原汁原味地展现了他们在走向个人事业巅峰过程中的想法、态度和路径。本书还力图帮助更多的调解人同行实现他们的调解事业发展目标，并促进他们提高生产力。因此，在这本书中分享经验的优秀调解人们值得我们致以最热烈的掌声。他们的分享对于调解行业的价值远胜于我们两位作者的写作。

我们还要向国际调解人学会的朋友和同仁们致以最诚挚的谢意。有了他们的无偿帮助，本书才得以借鉴他们在争议解决市场多年来积累的发展经验。

约翰威利父子公司旗下的乔西—巴斯出版社（Jossey-Bass）的工作人员艾伦·林兹勒也在本书的写作过程提供了很多启发。我们同样要对乔西—巴斯出版社的其他朋友们致以谢意，他们分别是塞思·施瓦茨、穆娜·法海特、卡罗尔·哈特兰、葆拉·戈尔茨坦、布赖恩·格里姆、卡伦·沃纳、米歇尔·琼斯、乔安妮·法恩斯。

第壹课 CHAPTER 01

调解何以为贵

“当我参透调解的真髓时，一切都自然而然地发生了。”

——杰弗里·克里维斯

没有人冲着发财而投身调解行业，这是毋庸置疑的。

无论是劳动调解、娱乐业的调解、保险业的调解、人身侵权类调解、家事调解、行政调解，或者其他任何领域的调解，真正激发我和所有优秀调解人热情的是调解领域的无穷魅力和无限可能。我们每一位调解人都视调解为自己的使命，而非仅只是一份工作。即便成为调解人后，收入与转型前相比可能有巨大的差距，但我们中的绝大部分人仍然在调解工作中自得其乐，这也包括了那些曾在诉讼领域叱咤风云的“大律师”们。

当然，如今也越来越多地出现一些年收入 10 万美元至 70 万美元的调解人，他们藉此过着体面舒适的生活。甚至还有少数调解人的年收入接近甚至达到百万美元。他们是如何做到的呢?

你也能像他们一样吗?

本书接下来为你呈现的内容将会给出答案。我们访谈了调解行业内的最优秀的一群调解人，邀请他们通过这本书分享经验、为你我指点迷津甚至公开他们秘而不宣的制胜法宝。在这个过程中，我们渐渐发现一些有趣的规律：除了执业领域（来自公司法领域、商事争议解决领域、学术研究领域、保险索赔领域以及其他社会工作领域）和执业地域（从加利福尼亚州到密歇根州、再到夏威夷州，从加拿大到新西兰）的区别外，他们的调解卓越之道都有几分相似。

调解之路在何方

我从未计划过要成为一名调解人。从法学院的寒窗岁月到初入律师行业那几年，调解从未出现在我的职业规划里。在当时，调解行业根本就不存在。但进入 1989 年之后，人生的转折点就悄然而至。

33 岁那年，我作为一个小有成就的诉讼律师，年收入已突破数十万美元。无论在当时，还是现在，这笔不菲的收入对于一个年轻人来说都非常可观。所以，没有物质上的动机驱使我改变自己的职业轨迹。但我当时对自己的未来感到非常迷茫。或许未来三十年的时间，我将埋头梳理各种证人证言的案头工作之中、置身于令人疲惫的法庭对质之中。我对这样的未来感到十分沮丧。

恰恰在那个时候，一位客户要求我找一名调解人来调解他的争议案件。我坦言回复说，在加利福尼亚州还从没有听说过哪个调解人可以调解争议案件，这个调解人群体只有在其他州才能找到。我利用了自己的人脉资源，也反复询问了客户的需求，最终将这个争议案件交到了来自德克萨斯州的调解人理查德·福克纳手中，而我代表客户参与其中。正是这次调解让我忽然就看到了未来的曙光——各方争议很快化解，过程充满了善意和诚恳，这着实打动了我。简言之，我开始觉得，调解让我欲罢不能。

调解结束后，我问理查德："你真的以此为生吗？"

"对啊，这是德克萨斯州司法体系的一部分。"这是他的回答。接下来发生的事让我转身开始投向了调解的怀抱——理查德邀请我去德克萨斯州，并安排他的合伙人加里·柯克帕特里克亲自给我讲授调解程序的具体内容。这种私下培训机会恐怕在当时是调解人能够入门的唯一路径。我欣然接受了邀请，来到德克萨斯州，并参与了为期数日的互动式调解培训课程。短短数日的培训课程，却为我打开了人生的另一扇窗，让我看到了充满可能的未来，让我明白了自己要选择什么样的生活。回到家时，我满脑子只有一个念头——我要成为一名调解人。

□ 序幕

此行结束后，我开始在全美范围内研究，看看都有哪些人以调解为生。康涅狄格州的调解示范项目（Connecticut Mediation Project）很快吸引了我的注意。这个示范项目由康涅狄格州的保险业界发起，旨在促使诉讼律师们把保险案件放回谈判桌，用调解程序替代诉讼程序来解决争议。示范项目由一名非律师人士，唐·雷德主导。随后，他在这个非常成功的调解示范项目中成为一名核心的调解人。最终，雷德创办了自己的调解事务所——争议解决服务中心（Dispute Resolution Services）。他的争议解决服务中心设立了专业的调解人名册，其中绝大部分调解人是退休法官，当然雷德也位列其中。在这个争议解决服务中心里，有专职的宣传营销人员负责处理电话咨询，也有专门的程序管理人员负责安排调解程序的推进事宜，一切经营都有条不紊。当我拨通电话，说明来意之后，雷德非常欣喜，随即邀请我到他的事务所参观体验几天。这个争议解决服务中心的每一间办公室可以说都留有我的足迹，我静静地在一旁仔细观察着他们大大小小的日常运作；我询问关于调解的问题，也实际观摩调解的过程。就这样，我选择了类似的业务发展模式。在加利福尼亚州，我们对如何经营调解一无所知，而我的这段经历真正让我看清了调解服务的市场走向。我彻夜难眠，迫不及待地想要开展调解业务。

我刚刚组建了自己的家庭：妻子和两个年幼的女儿，这个家庭需要我来支撑，但我投身调解行业之初并未过多顾及金钱的回报。我听从了内心的召唤，并相信这份事业也能够成就自己。如果这个职业生涯的选择也有不菲的金钱回报，那自然再好不过。即便并非如此，我也留有退路——丰富的诉讼律师经验让我可以随时选择回到原先令人烦闷的工作之中。

走在时代的前沿、置身于创新的潮流之中是我自己的选择。如同其他调解行业的成功人士一样，我并不介意冒一次险。彼时彼刻，成为一名调解人与其说是一个诉讼律师的华丽转身，不如说是脱离苦海的一次挣扎。作为一名诉讼律师，我觉得自己快要成为美国企业官僚主义的奴隶了。我的法律热情迅速消逝——我已不再是我了。

就用我的办公室作为例证，为了迎合企业客户对诉讼程序的刻板印象，我不得不将办公室装修得很乏味，处处体现得肃穆和沉闷。标准的美式家具搭配墙壁上挂着的老套精装油画，没有丝毫反映我个人喜好的家装，也没有任何精致点缀的物件。蔽言之，为了不让那些趾高气扬的企业官僚们觉得扎眼，整个办公室被布置得枯燥乏味。也许这样的布置确实符合客户对一个诉讼律师的预期，但我却觉得很不自在。日复一日，我内心的沮丧压得自己喘不过气来。我多么希望能有一份每天让自己充满希望、让自己能够更坦诚面对的工作，而不是像这样每天强迫自己来到办公室。时光荏苒，我不愿意再浪费一分一秒了。

调解行业就是我的出路。作为调解人，我可以听从自己内心的声音，不再只是“为了争论而争论”地迎合某个产业。通过调解一个又一个的争议案件，我逐渐沉浸在了调解程序本身的魅力之中——通过运用不同的调解技巧和调解策略，我对争议问题的思考维度跳出了诉讼律师的思维定式，得到相应的延展。很快，我就发现自己热衷于通过调解程序营造出融洽的合作氛围。当事人给予我信任，在调解中愿意袒露他们的秘密和诉求，而我则通过调解服务帮助他们达成所愿。我当然也不介意置身于冲突的旋涡之中，置身在复杂的争议之中周旋。我就像是一个抛球戏法的表演者，确保抛出的每一个小球不会失手落地。调解程序的本质就是这样：我穿梭于当事人的立场之中，去理解每一个当事人的真实想法，并帮助他们实现不同的诉求。我与调解真是相见恨晚。长话短说，我调解起来得心应手，获取酬劳似乎也理所当然了。

转型之初，我给自己的选择留有退路：我告诉自己如果调解业务止步不前、不能有所起色的话，我会回到原先的诉讼律师生涯之中继续执业。然而，每年的调解业务都有所进展，哪怕有时不那么明显，所以在调解的道路上我继续前行。

调解人，一个崭新的职业

幸运的是，我并非独行者。当时怀着共同的理想，我们有一小群人在努力变革人们对于争议解决陈旧的理念，告诉人们诉讼程序不是唯一的争议解决方式。我们试图在民商事法律体系中拓展一个新的职业——调解人。为了在加利福尼亚州争议解决市场中推广调解服务，我倾尽全力。我参与了由培普丹大学法学院（Pepperdine University School of Law）发起的南加利福尼亚调解联盟（Southern California Mediation Association, SCMA）。我还参与了许多的立法游说活动，试图说服南加利福尼亚地区最大的法院——洛杉矶高等法院在所有民商事案件中推行强制调解制度。[1] 这引起了志同道合者的呼应：司法体系的官员、诉讼律师协会，还有保险行业都对我们的努力产生共鸣。调解不仅能够提高法院办案效率、节约行政成本，更能让法院的客户——公众提升用户体验。基于这些显而易见的好处，法院本已对调解青睐有加。当时，法院已经开始探索一些可行的推广路径，如在庭前会议中让退休法官主持进行调解。可以说，调解事业方兴未艾，我憧憬着调解行业更为广阔的天地。

从商业的角度考虑，我知道如果法院能够认可调解程序对于争议解决的效用的话，争议解决市场也就向我们调解人敞开了大门。因此，我花费了很多时间参加各类培训、讲学活动，向诉讼律师和法官们推广调解的理念和程序，游说加利福尼亚州的司法系统推行强制调解制度。他们当中许多人质疑，强制调解的提法本身就是自相矛盾的——调解原本就是基于当事人的自愿，何来强制一说？我们力主的实例是德克萨斯州和佛罗里达州，在那里的司法系统已经成功推行了强制调解制度。很显然，调解想要真正打开加利福尼亚州的争议解决市场，我们需要尽快让这里的法律人群体建立与其他州相同的认识。

1　法院附设调解是美国司法 ADR 的主要形式之一。美国调解的大量使用有一个重要原因，在设立了“强制调解”制度的法院，对于涉及婚姻家庭、邻里纠纷、小额或简单纠纷，以及其解决必须借助其他已设立的 ADR 机构及专家的专门性纠纷，法官会要求争议双方在进行诉讼之前首先利用调解解决争议，若调解不成，再行起诉。拒绝调解的一方当事人如果没有得到比调解结果更有利的判决时，则要承担拒绝调解以后双方所产生的诉讼费用。法官一般不直接介入调解。——译者注我们相信，一旦让法律人群体参与到调解之中，程序的优势就足以吸引更多的当事人选择调解解决争议。因此，在两三年的时间里，南加利福尼亚调解联盟、培普丹大学、洛杉矶律师协会、社区管理部门中那些对调解充满热情的个体各显神通，朝这个目标不懈地努力。我们走到一起，共同探索：我们需要做什么来推动调解的制度化发展？

这些努力并没有白费，几个重要的专业领域向我们敞开了大门。越来越多的法律人开始了解并信任我。他们开始尝试将一些争议案件放到我这里进行调解。我的调解事业转折点出现在 1992 年，一家大型保险公司决定就上百个索赔案件进行和解，并希望能诉诸一个调解事务所的调解服务来处理相关事宜。数家提供调解服务的主体都收到了要约邀请，而我的调解中心最终获得了这单业务。我随即结识了数百位诉讼律师（每个索赔案件有一个诉讼律师）。一开始，我给这些诉讼律师们打电话，试图说服他们自愿参加由我担任中立调解人的调解程序。虽然一开始有许多迟疑顾虑，但最终 70%~80% 的案件还是同意进入了调解程序，并最终都成功解决了——这一次并非我作为调解人起到了多大作用，实际上还是归功于保险公司，他们在一开始就有和解的打算。不过，所有参与其中的诉讼律师或许都高估了我在其中的作用，并开始逐渐向我引介更多的争议案件。

立足

在 1994 年的加利福尼亚州，调解行业迎来了发展的春天。彼时，在许多雄心勃勃的调解人推动下，加利福尼亚州的司法系统首次正式签署了洛杉矶地区的强制调解法令。同年，我也成为培普丹大学的客座教授，并在法学院设立了我的争议解决课程。后来，我还被邀请在一个为期六天的“诉讼案件调解”培训中进行教学。虽然从来没有参与过教学活动，我似乎也能够驾轻就熟——这几乎是调解人的本能，关键在于尽我所能地去和“听众”建立联系并产生互动。这些兼职活动增加了我在争议解决市场中的知名度。例如，培普丹大学的课程宣传资料中一直保留着我的照片。每当他们进行宣传推广，无异于也一并帮我做了免费的市场营销。这些额外的“兼职收益”让我很快在蓬勃发展的调解行业中站稳了脚跟，并开始盈利。

到 1996 年，我在南加利福尼亚地区争议解决市场中已经小有名气，也是为数不多的全职调解人之一。当时在洛杉矶地区律师圈里订阅率最高的《洛杉矶法律日报》（Daily Journal）给我做了一个整版的介绍，将我冠名为“加利福尼亚州屈指可数的全职调解人”。此外，我还在大量的刊物中撰文介绍调解的技术和技巧，努力参与一些公众讲演，并成为南加利福尼亚调解联盟的主席。接踵而至的光环不过是我由衷热爱这份事业的副产品罢了。我终于能够每天充满希望地醒来，对每天的工作充满了期待。

如今，我作为调解人的收入已经超过了当初作为诉讼律师的收入。但意想不到的是，与昔日作为诉讼律师执业时相比，我对法律事业更有兴趣和热情了。我经常翻阅巡回法院的上诉判决，对所调解业务涉足领域的法律问题保持敏锐度，并乐意于与各行各业、形形色色的专业人士打交道。和其他商业一样，调解行业当然也有起有伏。起初我会为某天没有接到咨询电话而焦虑，但如今我知道调解行业的周期规律就是如此。

调解如何让你在迅猛发展的法律猎富时代站稳脚跟

一些调解人在站稳脚跟前似乎只能游走在民商事法律体系的边缘。还有一些调解人甚至根本没有办法站稳脚跟——即便他们之中许多人也具有同样优秀的调解技巧。那么，究竟如何才能够在争议解决市场中站稳脚跟呢？如何才能让自己的名字出现在那些需要和寻求调解服务的客户的视野里？

你需要开始像一个职业的调解人那样去定位自己、相信自己，并将调解工作作为生活的一部分。你需要通过不断的调解实例获得声誉，并牢牢盯住每一个争议案件直至它们得到解决。但，这些都只是基础。你还需要理解，作为一个调解人，应该如何“营销”自己——向重量级人物看齐，让自己至少看起来像是，或者将要成为他们中的一员。

举个非常简单的例子，我每天工作时都身着正装并系上领带，这是因为当人们去法院打官司的时候，所有人都会穿戴得略显正式、保守。或许卡其裤和开领衫能让我自己更舒适一些，但这样的打扮与在法院同样提供争议解决服务的诉讼律师们看起来格格不入——幸亏我注意到这点，才得以生存至今。因为我希望自己在成熟的法律圈里看起来也像是一个“重量级玩家”，我的着装当然也应该恰如其分。“看起来像”并不意味着我也必须因循守旧、提供相同的诉讼法律服务，调解可不是传统的争议解决服务！但是“看起来像”确实是我的入门法则之一。

我还有一个事例也可以作为参考。当时，我撰写关于调解的文章后，并不会向《洛杉矶时报》（Los Angeles Times）的专栏投稿。我会尝试在客户群体每天所关注的期刊杂志中投稿。也许通过《洛杉矶时报》的专栏能够让更多的人认识我，但这无助于确有调解需求的客户群体及时获得关于你这个调解人人选的信息。接近潜在客户群体所认知的调解世界也是我的入门法则之一。

这些入门法则围绕着一个主题——在争议解决市场中找准切入点！一旦客户群体选择了你的调解服务，接下来就是你表现的时候了。你可以坚持不懈地开展说服工作，努力做到让自己满意的调解服务。你可以绞尽脑汁地和当事人一起找到双赢的争议解决方案。当然，这需要你具备一套调解技巧的十八般武艺，在这本书里我们对此暂且不论。

你的调解服务是否能够打开争议解决的市场，你是否能够左右当事人的选择取决于你作为调解人的宣传营销能力和实际的调解技艺，这两种能力决定了你能否成功。挣钱并非成为调解人的目的和全部，但当你开始获得调解报酬时，也就意味着你的能力和技艺已经得到了争议解决市场的认可——你也已经有了一定规模的调解业务、摸清了调解行业的门道。这时，想必你已经是全身心投入到调解事业之中，从为数众多的调解人群体中脱颖而出，站在了调解人群体的金字塔顶端。剩下的一切自然就水到渠成了。

如果打算以调解为生，并享受每天充满希望和激情的调解工作所带来的成就感和满足感，本书会让你获益匪浅——三十名调解人群体中的领军人物慷慨地分享了他们各自成功的窍门，娓娓道出了他们调解的业务发展模式。没有人会甘愿妥协，将自己的囊中之物拱手相让给他的竞争对手。但最优秀的调解人群体知道，我们的竞争对手只有自己。他们深刻地认识到，调解所有的服务与人息息相关——他们分享渊博知识和丰富经验帮助其他才俊取得成功，只会更有助于调解行业的整体发展。

上天眷顾了每一个成功的调解人，我也不例外。我们能够每天从事这样一个充满了成就和回报的事业！在调解的道路同行，我们希望能与你分享这种喜悦和这份幸运！

第贰课 CHAPTER 02

看调解人如何改变自己

“当我调解第 3700 个争议案件时，还能像调解第一个案件时一样，投入相同的热情。这是一个需要全力以赴的职业。你必须做到周一到周五保持同样的激情和工作状态。如果你能成功地让客户坚信，你乐于接待他们，对解决他们的争议充满兴趣和信心，那么你必定会成功搞定这项业务。”

——埃里克·高尔顿

对于矛盾与冲突，你能够从容应对，因为你坚信自己生来就以在争议中化干戈为玉帛为己任，你能够调和矛盾、让冲突归于平和。那么，这样的你足以冠以专业调解人的称谓，并可以游刃于各种争议案件之中，不断为当事人提供调解服务。你热爱调解人这份职业，充满了正能量，聚集在你周围的人会越来越多。他们甚至愿意为了与你共同面对争议而支付报酬，并从中汲取你关于争议解决的智慧。你的生活根本不需要为金钱发愁，没有其他任何事业会比调解更让你倾心了。

以上是我所认识的每一个优秀调解人对于调解事业的态度和认识。如果调解对你来说也是如此，那选择成为一名调解人对你而言是命中注定的。但一将功成万骨枯，功成名就只是属于金字塔顶端一小部分调解人的殊荣。你必须知道的是，相对于庞大的基数而言，成功的调解人屈指可数。

或许你听说过“二八法则”：20% 的人占据了 80% 的市场。与所有行业一样，这对于调解行业也同样适用，或许有过之而无不及。无论是商事争议、劳动争议、还是家事争议，在任何一个争议解决的领域里，处于金字塔底层的调解人往往处于看天吃饭的工作状态，心灰意冷后再回到原先的职业道路或是寻求其他的职业出路。大约有 15% 的调解人在这条道路上或许能够业务不断、维持正常生活，他们位于金字塔的中间，但却很难真正迎来质的飞跃。与此同时，若单纯就某一区域的调解人收入指标进行比较的话，剩下 5% 的优秀调解人未来数月的调解案件已经排满他们的工作日历，他们的银行账户也有滚滚而来的美元。

这种收入上的天壤之别在于把握商机的能力不同——你选择的调解领域的商业化程度高低有别。现实中，即便为调解人设定同等的调解技巧和人格魅力，位列调解人名册选择守株待兔的兼职调解人，或者专注

乐在其中

你要能够乐在其中。从事调解事业必需的热情源于发自内心的渴望，你愿意付出精力。如果对于调解的兴趣如此强烈，你才能甘愿付出所有。调解事业不靠金钱铺路，前行在这条道路需要你对于与人有效沟通这件事的坚持和努力。

——罗伯特·詹克斯

家事邻里争议的调解人，他们与经常处理错综复杂的建筑工程争议的全职调解人之间的收入差距也将会是云泥之别。或许看起来不公平，但至少到目前为止，这就是调解行业的市场状态。

从这个意义上来说，调解人的路途需要跋山涉水，有阳春白雪也有下里巴人。许多人称之为“使命”——是的，想一想泰格·伍兹、马丁娜·纳夫里托洛娃、兰斯·阿姆斯特朗，任何登上某个职业巅峰的人都可以这样说，他们确实光荣地完成了自己的使命。在调解行业里已经功成名就的人恐怕除了这项使命也再没有其他更合适的职业选择了。例如，密歇根州的调解人保罗·莫妮卡蒂，他说：“调解就是我的全部，我沉醉其中。如果不考虑我的日常开支，那免费调解也无妨。”

如果你也自诩如此，那么踏上调解人这条征途就成为了你的使命。如果你不能像这些调解人中的领军人物一样，精力旺盛、情感充沛，对调解充满激情，那么事实上你很可能根本就选错了出发的方向。

做坚持到最后的 20% 当中的一员

似乎近些日子以来，每个人都想给自己戴上调解人的帽子，或者和调解沾点边。正如新奥尔良州的调解人罗伯特·詹克斯自嘲的那样：“往大街上随便扔一颗石子儿肯定能砸到一名调解人。但你想正好砸到一位优秀的调解人，那恐怕得需要一大桶石子儿。”来自多伦多的调解人克利夫·亨德勒也有相同的观点，他说：“几乎每一个曾参与我主持的调解的诉讼律师都轻言道‘我也能调解啊’”。来自明尼苏达州的调解人迈克尔·兰德勒姆则说：“我印象中，每一场调解之中，都会有诉讼律师声称‘好吧，我也可以是调解人’之类的话。”我的调解生涯中也有过太多类似的经历。

无须惊讶，快速发展的调解行业就像不断增长的蛋糕，许多人都竭尽所能地分一杯羹。如果你是一名调解人，那么应该参加了一些基础的调解培训课程。调解讲师，以及类似的培训课程似乎遍地都是，每天都在为这个市场输送大量的调解新人。对于许多想要成为调解人的新人来

成功的只有少数人

调解的蛋糕会越做越大，但想分一杯羹的人更以几何倍数在增加。也就是说，如果调解服务在争议解决市场的份额翻一倍，那想要成为调解人的人数就会增加四倍。但仅会有小部分调解人能够以独立调解人的身份长期在私权法域坚持这份职业。知易行难，嘴上认为自己能够从事调解工作的人总是远远多于真正胜任调解人工作的人。

我认为，有太多的调解培训设置初衷就是增加一项培训收入来源，这的确可以有不错的回报。仅仅是把这些调解培训作为自我提高的途径是可以接受的。但每周我都会收到相同的简历，这些人会问：“我已经完成了调解培训，我想开始调解人生涯。您这里是否有合适的工作机会？如果没有，可否给予我一些职业规划建议？”。我确实会提供建议。但我会坦白告诉他们这样的事实——想要以调解为生，并过上体面生活是异常艰难的。

——罗伯特·A. 克里欧

说，似乎这是个无本万利的职业选择。和教师职业、律师职业或者医生职业不同，成为调解人似乎不需要日积月累的教学经验、不需要法学学位，也不需要在医学院里研习数年。从事调解几乎没有设置任何学历和学位方面的门槛。而前方可见的职业回报却是那么的丰厚——调解人的领军人物就是最有说服力的例子：他们赚许多钱、有足够的成就感、而且调解起来几乎是不费吹灰之力。

完全不是这么回事！绝大多数通过基础调解培训的调解新人，他们匆匆开始的调解生涯往往会让自己大失所望。正是这种对于调解人职业不切实际的幻想和严重低估的艰难险阻会彻底击碎他们对自己调解事业的美好愿望。

新人们遇到的第一个严峻问题是：调解行业是异常依赖既往成功调解经验的，而他们都是从零开始。南加利福尼亚的调解人尼娜·梅尔丁举例说："每天都有许多人给我打电话，邀请我共进午餐，期待能够找到迅速成功的窍门。但残酷的事实是，这个行业里根本没有迅速成功的窍门。调解人的成功与否取决于对调解事业的抱负有多大、对风险的承受能力有多高、对商业需求的嗅觉有多好，以及对成功的信念有多强"。来自科罗拉多州博尔德的合作决策咨询机构（CDR Associates）的资深争议解决专家克里斯托弗·穆尔也提及："想要从众多调解人中脱颖而出，最重要的就是你以往的成功调解经验。意味着新调解人很难真正拥有像模像样的调解事业。有可能需要耗费大约五年的时间，你才能够有稳定的案源，前提是你能够熬到那一天。"

五年就够了吗

对于新西兰惠灵顿的优秀商事调解人杰夫·夏普来说，调解事业的头几年几乎不见调解踪影。他说："我的故事是这样的：第一年几乎都是我一个人在午后看肥皂剧消磨时光。衣着光鲜地坐在自己空荡荡的办公室，我只能透支信用卡来负担孩子们的学费。直到七年后，我才真正感到是在自己擅长的领域做一份有意义的工作，那时我也才相信调解人职业是一个正确的选择。历经挫折，我终于意识调解人的职业道路并非按部就班就能迈向成功。”

成功调解的经验来源于稳定的案源，这意味着你必须首先有案源。要打多少“骚扰电话”自不必多说，在残酷的市场竞争中想要独树一帜，就必须在任何适宜的场合，因地制宜地进行宣传营销。对于大部分人来说，你还必须学会关于商业经营的必要知识，并且能够学以致用。很多情况下，这意味着你工作的时间会比你睡觉的时间还要多。并且你的身心足够强大，可以持续重复这样的工作状态。

对于完成40课时基础调解培训便能随口说出“嗨，我也能够调解！”的人来说，他们绝大部分很快就会发现在调解行业里想要生存下去远比踏入这个行业时所设想的更加困难——事实上，可以用残酷来形容。或长或短，当调解的新奇感被繁重的工作负担冲淡之后，人潮最终会在调解行业中消散。

梦幻成真

最初，我充满雄心壮志，认为：“只要我坚持调解下去，案源会源源不断。”我曾坚信，调解是一块无暇宝玉，它对于争议解决的价值不言而喻。然而事实却很冰冷，调解行业供大于求。如果你打算以调解为生，你必须在调解行业中顺势而为，洞察调解行业未来的方向，对调解行业的认识入木三分，并能够日三省吾身找准定位。

——尼娜·梅尔丁

矢志不渝是你我唯一的精神名片

正如马太福音里的神谕所言“蒙召者多、蒙拣选者少。”通往卓越的调解道路绝非坦途。正如杰夫·夏普所说，调解人不是一份“普通”的职业——无论是功名还是利禄，无论你的职业追求是什么，都没有一条既定的“金光大道”。那些为数不多的、极其成功的调解人，他们成功之路也各不相同。例如，那些优秀诉讼律师转型而来的调解人，法庭上锱铢必较的唇枪舌剑让他们更珍视能够切实解决争议问题的调解智慧。对此，曾经身为费城一名诉讼律师的调解人本内特·皮克尔回忆，他说道：“我成为诉讼律师的初衷就是希望和争议当事人一道面对他们的争议，帮助他们解决问题。在我转投调解业务之前，唯一能够让我实现这个职业追求的工作只有那些公共政策的诉讼和公益法律服务了。成为一名调解人后，我的职业满足感得到了极大的提升，调解程序让我真正能够与当事人共同面对争议，也让我真正能够去帮助当事人解决问题——两方面都得到兼顾。如今，我无时无刻地能够感受到自己的工作真正为争议解决作出了贡献。”

再如曾经是保险精算师和会计师的保险专家克利夫·亨德勒，他更愿意倾听那些鲜活的事例，而不是在冷冰冰的文件中任意武断地勾勾画画。调解职业也能够让他这样的人寄托职业理想。还有一些人，如克里斯托弗·穆尔的合作伙伴贝纳德·迈耶，她选择调解和争议解决职业之前从事过教师、社工、心理治疗师等职业，这样的职业敏感性和职业素养更有助于在调解中处理个人之间或者社区邻里的争议问题。

然而，上述所有人都被称为“天生的调解好手”。他们对调解工作充满热情、自然也乐在其中。下面这些论点如果都能深得你心，你也一定和我的这些优秀调解人朋友一样，对调解职业的选择感同身受：

- 我喜欢调解，我乐此不疲。
- 我做得得心应手。我只要在调解中一开口，一切就顺理成章了。

善行与雕琢

我和合作决策咨询机构（CDR Associates）的全体同事选择调解职业的初衷就是想定分止争，钱财不是目的。我们希望能让分歧双方能够有一个平和解决争议的途径，倡导和而不同的决策方法。

对我个人而言，调解工作能够维护公平正义，同时也能够平复争议，这都是与我价值观保持一致的，并且我还能够以此为生。这是很难得的状态，但抱有相同感受的人不止我一人。大多数人都是基于自己价值观的驱动才选择调解行业的。

那些从事公共政策领域争议解决业务的人大多都有比较高尚的价值追求。他们关注和处理的争议问题往往都是烫手的山芋。从分歧中找到共识是他们的职业追求，这需要建立一个透明的、符合成本效益的争议解决方式。他们通常认为民主是争议解决的核心——非对抗的民主决策程序早已根植于立法博弈和行政决策的程序之中。但从利益相关主体的参与程度、事实信息的梳理方式，还有最终根据双方共识，量体裁衣的争议解决方案等方面来评判，调解程序的结果已经远远优于立法博弈和行政决策的民主决策结果了。

——克里斯托弗·穆尔

- 我总是能够得到好的结果，结果常常好过预期。
- 我通过调解的过程感受到了自己的成长。调解得越多，我成长得越快。
- 我的工作总是能够得到客户和同行积极的评价。
- 调解让我感到一种职业满足感，甚至一想到调解或者一想到自己已经成为一个调解人都能让我觉得满足。
- 我无法想象还有其他什么事能让调解这样让自己愉快地工作和生活。

优秀的调解人总是喜欢与不同的人打交道、与他们沟通、并从这种交流中汲取养分。他们热衷于人与人之间的互动，并能够乐在其中。其中绝大多数天生就知道“如何与人为善并施加影响”。从某种意义上来说，他们像是销售员，销售的产品是当事人之间的“和气”。无论你惊讶与否，他们都自称厌恶争议这个赖以生存的事物。他们或许都是谈判高手，能够在五个当事人之间把五种不同的立场和观点来回组合，并最终促使当事人调解。但是他们自己却宁愿按标价掏钱买下一辆汽车，而不愿意和交易员讨价还价争取最好的价格。这常常是诉讼律师转型调解人的重要理由——通过帮助当事人双方找到彼此满意的争议解决方案远比帮助一方当事人从对方那里攫取最大的胜利有成就感。

成就调解人最大成功的六个关键

如果你希望在调解行业，或者在整个争议解决市场中追逐最有前景、利润最高的业务，那么你需要做的就是让自己的脚步赶上先行者。以我的经验而言，调解人中的领军人物有以下共同之处：

- 我们热爱且非常擅长调解。
- 我们鼓励和建立信任。
- 我们让所有人都成为“赢家”，并与那些能够给我们带来案源的人建立良好关系。
- 我们很努力地工作。
- 我们的费率高于行业平均水平，简单案件亦不例外。

我们通过这本书仔细观察这些“天生调解好手”的这些共同之处，对他们的宣传营销策略、业务发展模式、市场定价策略，以及其他重要内容得以管中窥豹。接下来，将会为你一一呈上这些成就卓越的基本要素，让调解人中的领军人物为你指点迷津。

永不衰减的热情

想要在调解行业落地生根，仅仅是一时兴起是不够的。正如我从1988年开始直到现在，对调解事业的热情从未衰减。这个新兴的争议解决方式本身其实已经历史悠久，我如此“执迷不悟”到底是为什么呢？虽然收入本身也能令我满意，尤其是调解一些复杂的、涉及多方的争议案件更可谓收入颇丰，但金钱本身显然不足以激发我这样的热情。

名利双收吗？我当然也曾站在舞台中心，案源滚滚，备受关注并拥有众多耀眼的光环，似乎足以让我忘乎所以。曾经我会说：“我解决了一个争议案件”。我现在明白对于争议案件而言，我更像是过客，不过是通过调解程序的安排向当事人提供我的见解。最终解决争议案件的人是当事人自己，还有他们的代理律师，而不是我。

“我住在可能性之中—
一幢比散文更美丽的房子—
更多数量的窗—
更好—说到门—”

这些出自艾米莉·狄金森的文字引领我走向调解让我沉醉的地方。扑朔迷离、神来之笔、深深的满足感、洞穿人心的视角，对于游走在争议深处的我们来说，所有的一切都充满了改变的可能。所有的“窗”和“门”都别有洞天。游走在诉讼判决的错与对之外，我们不只是搞定争议。调解能够恢复平和，甚至能转变人心。一旦你走上调解人这条道路，所见所闻再不相同，在多变的人性和多彩的生活之中，这就是“一幢比散文更美丽的房子”。

——哈里·古德哈特

□ 热爱

哈里·古德哈特在佛罗里达州和北卡罗来纳州执业，他在 17 年前就已经迈入了优秀调解人的行列。即使已经在近 3000 次调解之后、哪怕还需奔波于诸多培训课程和研讨会议之间，调解于他仍然是“永不衰减的热情”。与绝大部分功成名就的调解人一样，金钱并不足以支撑这种“执迷不悟”和“永不衰减的热情”。

是否能够获取调解报酬是调解人生涯的一个转折点，但这并不是调解人生涯的全部。我和我所认识的大部分调解人一样，如果争议本身触碰到我的内心，免费为之付出也未尝不可。几年前的一个案件中，我被某法律刊物封面报道中的照片震惊了。那是一个犹太家庭，他们声称孩子在高中棒球队里遭到歧视。这个家庭、这个学校，还有棒球队的教练都卷入了一场硝烟弥漫的诉讼之中。犹太家庭的代理律师来自洛杉矶最好的律师事务所之一，他们并未收取任何费用。这个案件让我也产生了共鸣——我是犹太人、我是一名调解人、我也对棒球着迷。我觉得或许我可以为这个争议的解决做些什么。于是我径直给各方的代理律师打了一通电话，看看是否有任何我能提供的帮助。这些律师都认识我，所以他们很乐意接受公益调解的提议。最后，我们成功地化解了这场诉讼战争，为这个争议找到了解决方案，并且也有效地纾解了各方情绪化的诉求。这无疑是调解人的职业满足感最好的例证之一。实际上我觉得对于优秀的调解人来说，我们应该更多地介入此类争议案件之中。

所以我认为，衡量成功与否的标尺落于调解人的职业满足感之上。当然，除非我们是彻彻底底的利他主义者，否则成功本身在一定程度上还是应有其外在的确切表现形式——我们应在投身调解事业的同时，能够体面甚至富足地生活。

这就是我的使命

我也不能解释为什么其他一些和我同样优秀的调解人无法拥有和我一样的调解事业，但或许我们能从以下几个方面找到一些原因：

1. 我事实上很喜欢和律师们打交道，我在律师协会也很活跃，许多律师都认识我。我曾经担任过本地律师协会的主席，作为律师资格考试的考官，并在许多专业委员会中兼职。我一直都积极参与美国律师协会的执业培训，并多次担任主讲人。今后我也会坚持下去。

2. 在律师协会的出版物上通常都会有我投放的广告，我也会时不时向专栏投稿。这些广告可以让大家记得还有我的调解服务可以分忧，我还没有被其他琐事占满日程。广告一般都包含我的照片，我常常遇到一些初次见面的朋友，他们似乎早已通过这些广告认识了我。

3. 无论是律师还是一般场合认识的当事人，我几乎将每一个联系人都视为是潜在的客户，每次见面都是向他们解释调解理念并表达我服务意愿的机会。

4. 我对我的职业充满敬畏，我将终身精进并提高自己调解服务的质量。每一个争议案件，哪怕是最微不足道的小案件，在我眼里都是一次为当事人提供调解服务，并满足他们争议解决需求的机会。从众多律师客户那里反馈给我的信息，我感到自己的努力得到了承认和认可。

——苏珊・哈默

□ 信誉

或许成就一名优秀调解人的关键在于当事人和整个客户群体对你的信任，他们能够信赖你是公正的、相信你拥有化干戈为玉帛的智慧，相信你能帮助他们掌控调解谈判的进程、抓住改变命运的瞬间。无论是代理律师或是他们的专业助理、普通民众或是领导权威，优秀的调解人都能够赢得这种信任。

调解人中的领军人物都有相同的认识——调解的要义就是建立 / 恢复信任。“调解人必须能够与当事人之间建立情感上的连接点，让他们相信你能够引领他们共渡难关。如果说争议就像大海上的狂风巨浪，陌生人或是不值得信任的人之间难以同舟共济。但是，信任并不需要与当事人持完全相同的立场，他们也希望你能够主持公道。当事人希望通过你的调解服务与对方建立畅通的信息传递渠道。尤其在争议的旋涡之中，这显得尤为重要。你的调解服务就应该是一种精心构筑、有利于促进沟通，并最终促成协议的程序。”克里斯托弗·穆尔如是说道。

参与调解最大的顾虑

绝大多数人最担心的是会在调解中吃亏，所以你与当事人的任何沟通都应该照顾到这样的心理诉求，你要传递的信息是：“在这间办公室里，没有人会让你吃亏。”

绝大多数的调解人都以“妥协是最大的智慧”来劝说当事人接受调解。但在许多真实的场景中，这样的说法会让某个当事人或者某一方当事人感觉到自己“处境不妙”。试想如果与调解人的沟通都让你对自己的谈判能力没有信心，调解人是否自称“中立”都不会改变你觉得自己会吃亏的想法。妥协确实是一种极大的智慧，听起来也没有错，但当面直言这样的话语会吓坏你的当事人。

优秀的调解人能够解决这个问题，因为不只是他们具体说出的词句，甚至是他们的一言一行都让当事人感到信任。最优秀的调解人知道如何在争议的旋涡之中找到这种情绪上的风暴眼，整个调解过程中只需要向当事人传递一个信息：“我不会让你在这里受到伤害。”

——罗伯特·本杰明

于我而言，在与任何客户群体的互动之中，我都努力建立并增进这种信任感。从第一通咨询电话到最终解决争议案件，这种努力贯穿始终。最初的沟通往往从电话咨询开始，我会与当事人深入交流，像每个医生问诊一样对争议“望闻问切”，试着“诊断”争议焦点和背后的驱动因素。我会倾听——或许很多调解人时常误认为自己要像卖场销售那样自卖自夸，但想要真正走进当事人内心，你需要能够让他们吐露心声，让你能够看到争议的伤疤，并有机会关切他们真正的诉求。你不需要勉强当事人“埋单”。敞开心扉的过程能够让当事人感受到，你是真的关心他们，而且有能力解决难题。获取当事人的信任，也就等同于在自己的调解日程表上预订了一个“服务订单”。接下来，你还需要竭尽所能地确保这种信任能够贯穿调解程序的始终。

□ 争心

对调解的一腔热情和天生的沟通能力还远远不够。你需要赢得有影响力的客户，让他们信任你和你的调解服务，并乐意将你推广到更多的人群中去。我幸运地在自己的调解生涯里赢得了几位可以为我铺平道路的重要客户，他们为我和我的调解服务打开了争议解决的市场，并愿意为我背书。即便你只是赢得了这样一位重量级客户的信任，也足以称为一种幸运。但需要注意的是，他们难以“萍水相逢”，你需要经营自己的人脉。

在调解生涯的早期，我遇到了在劳动法领域有“教父”之称的一位代理律师，并赢得了他的信任。他在劳动法领域有着绝对的影响力。我想他或许会成为我在劳动法领域的引路人，而他也很快意识到了调解对于这个领域的争议解决价值非同一般。他召集了在劳动法领域与他志趣相投的律师群体，形成了一个团体。他们时常邀请我参加聚会并给我机会介绍调解。于我而言，没有比这更好的平台或者媒介了。他在这群人中有着绝对的影响力。有这样一位专家的褒奖和引荐，比我自己拨通无数个冷冰冰的电话有效得多。

我的调解生涯很幸运地还与另外一位重量级的客户有着交集。当然，与有影响力的权威建立信任关系也蕴藏巨大的风险，很可能因为一次失误就葬送自己的锦绣前程。我的朋友圈里有那么一个律师群体，他们每年都会邀请大约 500 名诉讼律师进行会晤，详尽地对区域里每一位仲裁员和调解人进行评价和讨论。即便如今这里的仲裁员和调解人已有数百人之众，在每次会议中，他们仍然会逐一评价和讨论。他们或许说“绝不应选择他”，或许说“这个人非常专业”。我有幸在每次会议中都收获了好评，并间接促使了更多的人选择我的调解服务。没过多久，越来越多的人找到我，选择我作为他们的调解人。这让我在残酷竞争的调解行业中站稳了脚跟，让我的调解服务可以顺利开展。在调解行业中站稳脚跟对于每个投身调解事业的人来说都是竭力追求的转折点。

成　功

成功的定义有千万种。对于某些人来说，能够心无旁骛地在自己的职业生涯中精益求精就是成功。赚钱发财当然也是成功的一种（虽然作为社会工作者家庭出身的社会工作者，我从来没有将金钱作为自己的目标）。对于我来说，成功就是我能够通过自己的工作帮助人们有效地应对和解决他们所面临的争议问题。当人们认为可以通过我的调解服务达成有建设性的结果、能够帮助他们走出困境，并且我也能够凭借自己的调解技能生存时，我就自认是一种成功。

——贝纳德 · 迈耶

□ 全力

许多调解新人都认为调解人的第一桶金可以轻而易举地获得，或者说，他们认为至少比他们准备放弃的那份职业轻松得多。但所有成功的调解人无一例外的都是工作狂，全天候工作、全年无休。罗德尼·马克斯在阿拉巴马州和佛罗里达州执业，他说："有许多人想要成为调解人。他们或许是优秀的代理律师、优秀的法官、或者是优秀的商人。但是想要建立自己的调解人脉，并让自己在调解行业中站稳脚跟——获得足以

坚持的力量

优秀的调解人总是有惊人的毅力，他们持续跟进争议案件，不惜一切代价确保每一个争议都能圆满解决。这种坚持贯穿他们调解生涯的始终。无论困难是什么，即便是在"空档期"，他们仍然持之以恒，尽力确保自己在调解行业中能够不断前行，并最终品尝胜利的果实。

当事人口中对于调解人最严厉的批评就是轻言放弃。优秀的调解人从每一次的电话咨询开始，安排调解会议、持续关注争议案件的发展。坚忍不拔是他们所必需的品质。

——迈克尔·兰德勒姆

我努力工作，从不迷失方向。人们知道我不将争议问题解决誓不罢休，这不仅是基于他们与我合作的经验，更已内化为我的座右铭。他们知道我会为了争议的解决和调解结果付出一切。

——克利夫·亨德勒

坚持和持续跟进是调解人必需的品质。人们之所以选择我就是因为我不轻言放弃。即便调解当天没有办法达成一致，人们知道我会"穷追不舍"。

——理查德·韦勒

调解人的一天

对于全职调解人来说，合理有效地安排调解日程表是不会间断的挑战。舟车劳顿之间，我会回复每一个电话咨询，持续跟进每一个没有解决的争议案件，并通过电话妥善安排调解事务所的日常工作。我的电话设有留言信箱，即便旅途在外、不方便接听电话的时候，我也不会错过每一条关键的信息。一旦时间允许，我会通过电话或者电子邮件及时回复。这是我在上一个星期一的调解日程表：

上午 9:00~ 中午：人身侵权纠纷调解，涉及一场交通事故中的双方当事人，其中一名受伤人员是女性。

中午 12:15~ 下午 1:30：与律师协会争议解决专业委员会进行会晤。

下午 2:00~ 下午 4:00：在匹兹堡大学法学院作为客座讲授讲授国际争议解决机制的课程。

下午 4:30~ 下午 6:00：与匹兹堡大学医疗中心风控管理团队商议针对律师群体的研讨会筹办事宜。处理新的调解申请。

下午 6:00~ 下午 7:00：简餐后奔赴晚上的会场。途中安排了一个电话会议。

下午 7:00~ 晚上 8:00：在西宾夕法尼亚调解人大会上就调解中的当事人谈判地位掌控进行演讲。

晚上 8:30~ 晚上 10:00：看一看法律类夜间脱口秀节目，阅读《纽约时报》。

晚上 10:00~ 晚上 11:00：阅读明日调解案件的卷宗材料。

晚上 11:30~ 午夜：查阅并回复电子邮件。

——罗伯特 · A. 克里欧

填满调解日程表的“服务订单”是极其艰难的。这绝非戏言！我每日都将全部的精力付诸实践。我积极地为代理律师和他们的客户提供服务。”

“你必须知行合一，”来自多伦多的理查德 · 韦勒说道：“许多人都有调解人的资格证，但他们中的绝大多数因为轻视了实践的难度而始终走不上调解事业的‘主干道’。踏入这行很容易，走向卓越似乎也不是那么困难。但真正想要在客户群体中被广泛认可，并在调解行业中站稳脚跟，你所需要付出的努力和艰辛绝不是动动嘴皮子而已。你必须理解调解程序如何能够解决争议，并切实地推动争议的解决。和其他行业一样，如果想要成为调解人群体中吃最大蛋糕的那 5%，那么你必须疯狂地工作、制订业务发展规划、持续提升自己的各项技能，并能够一直坚持下去。”

来自匹兹堡的调解人罗伯特・A. 克里欧进一步解释道：“一个兼职调解人不可能冠以成功之名。真正成功的调解人要将全部时间和精力都奉献给他的调解事业。”

□ 高费

最为优秀的调解人，他们的调解费率通常高于同一个地区的平均水平，这不是一个秘密。若当事人诚心想要解决一个重要的争议案件，他们就不会介意为之付出必需的成本。也就是说，如果你作为调解人，总是能够为人们解决争议，那么收取相应的报酬也就水到渠成了。这可以解释，为什么处于金字塔顶层的 5% 的调解人能够标出令人咋舌的费率标准，仍然有“愿者上钩”。

这违背常识吗？是的，但如果你确实能够为当事人解决争议，那么收费越高则案源越多。为了能切实地解决争议问题，当事人往往抱着“只买最贵”的心态来选择那些有一定声誉的调解人。这其实很容易理解，例如打算改建自家的厨房时，更高报价且有质量保证的施工队伍或许会让我们更为放心。如果是考虑自己的手术问题时，那恐怕医疗费用只要在你能承受的范围内，你都会去城里找最好的外科医生就诊。当然，这种思维看起来比较势利，但这就像许多律师中意的座驾是宝马而不是丰田一样，大家希望传递给当事人的信息就是“我们是这个领域最好的人

你具备成为优秀调解人的潜质吗?

1. 优秀的调解人总是热爱调解，并且擅长各种调解技巧

你的生活围绕着调解铺陈开来，念念不忘、寝食难安。没有其他任何职业能让你转变心意。调解可以带来职业成就感，你的调解技巧也在日日精进。如果这就是你的状态，那么成就卓越就已是命中注定了。

2. 优秀的调解人平易近人，懂得如何获取信任

你喜欢与人打交道，人们也愿意簇拥着你。昨天、今天和明天的客户都能够对你的调解服务赞不绝口、对你在调解中的神来之笔津津乐道、对你和你的调解服务充满信任，并能够安心将他们的利益托付于你。如果你能够获取如此信任，站在金字塔顶层也是迟早的事。

3. 优秀的调解人能够赢得重要客户的青睐，并站稳脚跟

你能够敏锐地抓住重要客户的需求，并主动借此扩展人脉，打开争议解决市场的大门。你与重要客户之间是互相尊重的氛围，并能够借助他们的帮助让更多的客户了解你和你的调解服务。如果有重量级的客户能为你背书，你的调解业务拓展也将如鱼得水。

4. 优秀的调解人都是工作狂

为了确保一个各方共赢的调解结果，你需要全力以赴；为了扩大你在争议解决市场中的知名度、拓展你的调解业务，你需要全力以赴；为了增长你对于调解理念的理解深度，并增强自己的调解能力、分享自己的调解技巧，你也需要全力以赴。你需要清楚地认识到，调解人的生活没有长假及充足的睡眠，还要保持对工作的热情。

5. 优秀的调解人维持高于平均标准的调解费率，没有例外

你知道自己的调解费率比身边的其他调解人还要高，但是这能够体现你的价值。如果当事人愿意选择最好的调解人来处理他们之间的争议案件，你就是他们的选择。你的行动会证明，当事人付出的调解费用是使争议得到妥善解决的保障。

选”。较高的调解费率就是印证这种“主张”的依据。

采取较高调解费率当然也需要一点魄力——你的高价门槛可能会分流不同领域的一些业务。理查德·韦勒曾说：“我对自己在市场中的定价较为激进，这样我就不会再去处理那些花园邻里的争议案件了。当事人愿意选择我是因为他们相信高价的原因是我的‘特长’。”克利夫·亨德勒也指出：“我的调解费率非常高，目的就是过滤那些‘低端案件’。我专注于处理一些更复杂的争议案件。这个策略是正确的——当事人也乐于支付我相应的调解报酬。”

卓越

无论调解人最后有多么成功，但大家的起点都是相同的，每一个人都是从最底层开始向上攀爬。调解事业的起步阶段就像在做一道基础的数学题：在一个案件中与两方律师进行会谈。如果你成功解决了争议问题，两方的律师会将你推介给更多的律师。你的调解事业就这样蒸蒸日上，越来越多的争议案件开始排上你的调解日程表。你不断地去解决一个又一个的争议案件，量变直至质变，你也就成为调解人群体中的领军人物！在自己的业务圈中，你赢取了客户群体中绝大多数人的青睐，卓越者的荣誉和酬劳如同瓜熟蒂落一般唾手可得。

如何在调解的道路上走向卓越

要善于乘势而上，哪怕需要投入额外的时间和金钱。要有耐心、不轻言放弃。你可以做到最好的事情就是做好一个调解人应该做的事情，这当然包括上面这些。念念不忘，必有回响。

——特蕾西·艾伦

真的像听起来这么简单吗？当然不是，远远不是！向上攀爬至金字塔的顶层意味着耗费自己的大部分生命。你需要跋山涉水，投入大量的精力走向卓越。知易行难，且无法一蹴而就。如果这种挑战对你来说充满乐趣，那么我提前欢迎你加入卓越者的俱乐部！

·领军人物的成功窍门·

1. 工作中愿意全力以赴

如果你对调解事业志存高远，就必须有的放矢，有咬定青山不放松的毅力。这背后是早起的晨露、夜晚的星光、奔波忙碌的生活。至少在起步阶段，你与家人和朋友相聚的时光非常有限。

2. 绝不轻言放弃

走向卓越的道路不是康庄大道，也无法一蹴而就。踏上调解的道路就应该接受需要艰苦几年的现实，这会让你更容易坚持下来，直至成为优秀的调解人，并最终站到金字塔的顶层。

3. 如果调解事业无法激发你的热情，应另择良木而栖

如果你厌倦这种寝食难安的生活，对调解工作感到疲惫麻木，甚至每一分钟都成为煎熬的话，你恐怕没有办法在调解的道路上坚持足够长的时间走向卓越。你需要扪心自问：自己是否有足够的热情，愿意为了调解事业的成功付出一切？良禽择木而栖！

第叁课 CHAPTER 03

砥砺前行的极致追求 才是调解的初心

“你待人接物的方式和应对争议的思维都是极其重要的。人们总是希望与自己欣赏的人共事。”

——克利夫·亨德勒

几年前，我的调解日程表上的“服务订单”就已经供不应求了。我向当事人推荐了事务所另外一个调解人比尔来接手其中一个超额的“服务订单”。我从来没有观摩过比尔的调解程序，但对他成功调解的诸多事例我有所耳闻。因此，我相信他能够处理好这个争议案件。结果虽然不出所料，但在随后偶遇这次调解的代理律师之一时，我们发生了下面的对话：

我问道：“比尔的调解服务你们满意吗？”

而这位律师显得很尴尬，并回答：“还行吧，案子调解成功了，但我想我们不再会找比尔进行调解了。”

“真的吗？为什么呢？”我心想，这个案件虽然复杂，但比尔的处理结果还不错啊。

这位律师继续说道：“坦白说，我就是觉得和他不对眼。他的调解工作确实奏效，当事人似乎也挺满意的，但他对待我的方式让我不舒服。对不起。”

或许你可以拥有 100 分的调解技巧，或许你能够洞察人性，或许你能够提前在脑海中计划很久以后的交流要点，甚至你已经在类似的调解案件中身经百战，但你仍然有可能发现自己的调解日程表上空空如也——仅仅因为当事人似乎不愿意与你打交道。作为一个能够拿到高额调解报酬的优秀调解人，你要关注的不仅仅是在调解会议中如何调解。调解人职业的每一个方面——调解时、宣传营销时、维系和拓展客户关系时，在你为自己的调解服务打开争议解决市场大门的每一分努力，都来源于最初踏上调解道路的初心。你也许是一名内心强大的调解人，但若无法在每一个场合真诚待人，或者在调解室内外表现得表里不一，那即便有机会在调解人这个竞争激烈的专业职业中崭露头角，在调解道路上前行的每一步都将异常艰辛。有位调解人一语中的：“我能给出最好的建议就是，‘不忘初心，方得始终’。”

表里如一是调解服务准则

调解是非常独特的专业服务。例如，医疗这样的专业服务，对于一个心脏外科专家来说，即便待人接物的方式令人不敢恭维也不影响他的权威地位；对于能够处理复杂税务工作的注册会计师而言，说话磕磕巴巴也不妨碍他拓展大量的业务。然而，如果一个调解人缺乏触碰人心的能力，再高的理论修养和再多的调解培训都无法保证相同的成功。“调解服务是以人为本的专业服务，内在个性足以决定你的成败。律师们愿意接受调解服务是因为对我们为人处世的认可。我们需要有效地与他们，以及他们的当事人沟通，乃至彼此心灵相通。”来自洛杉矶的调解人史蒂夫·瑟沃瑞斯如是说。

不同调解人能够迅速达成共识的一个观点是：在调解的领地，没有简单二字。无论争议本身表现为何种类型的案件，调解人所需应对和处理的都是深刻的负面情绪——如离婚案件中的悲痛情绪、玩忽职守案件中巨大的职业失落感或者在极其复杂的用水权争议之中，双方互相的指责与谩骂，这些负面情绪都是阻碍调解成功的绊脚石，无法回避。

作为一个调解人，你必须触碰到参与调解的每一个人的内心。每一次成功调解的原因，都在于当事人从内心“接纳”了你和你的建议。来自阿拉巴马州的调解人米歇尔·奥布拉多维奇是这样描述的，他说道：“你和当事人的情绪交织在了一起，这可能会改变他们的一生。”

建立信任

或许有许多方式能够让人“信你的”，但只有成为更好的自己才能让人“听你的”。

——加里·弗朗

对你的调解服务下订单意味着你对于客户来说独一无二。他们相信你这种为人处世的方式是帮助他们解决争议的钥匙。这也就意味着，“你想要如何调解”本身就是个伪命题。你只需且只能表里如一，用最真实的你帮助当事人渡过难关。如何做到呢？核心要义就是做最真实的自己。依赖你在每一个争议之中的所思所想去判断、去沟通、去调解。客户一旦感受到你的真诚，也就开始依赖你的调解服务了。

信任是你最佳的攻城利器

正如大家所熟知的一句话，选购房产最重要的是“地段，地段，还是地段”。在调解行业中，最重要的是“信任，信任，还是信任”。来自俄勒冈州的调解人苏珊·哈默说道：“对于调解人的品质，当事人的期待在于：他是个处事公允、值得信任的家伙。当事人希望调解人可以积极地回应他们的诉求。”下面摘录的当事人对于具体调解人的案后反馈信息就是这种观点的注脚。这些信息摘自几位优秀调解人个人网站的评论，他们都为本书的诞生贡献了自己的思考。当事人和他们之间建立了私人层面上的信任关系。当事人愿意将或许是生命中最重要的几个小时交给他们，希望借助他们的调解服务妥善地解决争议。

> “她为人正派，对我们双方都不偏不倚。她把我们从混乱和悲痛的泥潭之中拉了出来，让我们妥善地处理这场婚姻纠纷的相关事宜。”
>
> “谢谢您昨天的努力。感谢您的坦诚，感谢您照顾周全也极具智慧的调解服务。您昨天的良言忠告化解了所有的矛盾，最终的解决方案也是公允可行的。我的当事人真正地可以迈过这道坎了。”
>
> “他的耐心和见解是无价之宝。”
>
> “他真的俯身倾听我们的诉求，并尽力让我们的所有问题能够

得到友好的解决。”

“能够认识您是我的荣幸。与您在一起就让人舒心。”

在调解行业中，无论如何推崇信任一词都不为过。当事人之间往往在彼此的谈判中充满狐疑、对己方立场寸步不让。调解人所做的工作就是确保当事人之间能够一步一步建立信任，并最终达成解决方案。如果人们之间缺乏信任，没有人会愿意放弃自己的立场。即便只是初次见面时留下的直觉印象，当事人若认为你不值得信任的话，他们根本就不会寻求你的帮助和调解服务。没有信任，一切归零。

一个能够让当事人感到信任的调解人，他在正式调解谈判开始前就离调解成功只差一半了。“一个好的调解人能够克服人们与生俱来的自我保护意识。光是他们的外表就让人们觉得值得信赖。最厉害的调解人会着眼于人们产生疑虑的线索，并按图索骥，让他们接纳自己的观点——‘你在这里调解并不会丧失利益或对利益作出妥协’。”罗伯特·本杰明如是说。

他继续解释道：“调解中的当事人就如同尚未驯化的野马。他们像是被狩猎的动物那样，视任何风吹草动为威胁，随时准备狂奔逃离。如果你能够理解这一点，你就能像牧马人那样去靠近野马——借助缓慢但坚定的步伐。利用他们的这种天性，而不是试图扭转他们的想法。让他们‘妥协’就如同需要找到他们能够接受的‘驯化’方法，而不是简单地给他们‘套上绳索’——调解人需要让当事人尽量放松敌意，从不同的角度去寻求转变。”

“假装”与人为善往往会适得其反。获取信任并非简单地对当事人提供的信息表示赞同。你需要认真掂量他们的谈判目标，让他们感受到你听取并理解了他们的考虑。在这之后，你才能够袒露对他们境况的评估，为他们指明方向，并引导问题得到解决。

律师到调解人的转型

经历了 25 年的诉讼生涯，有两件事让我开始考虑是否需要改变自己的职业选择。第一件事是，一位当事人在他的诉讼程序结束一年后曾经这样和我说道：“我真的不愿意再见到你了，约翰。你的出现几乎让我又陷入了对那段人生中最黑暗时光的痛苦回忆之中。”要知道，他的这个诉讼程序无论是一审还是二审都获得了我所能争取到最好的结果

“唐，我不明白。你所请求的一切都已经得到了支持啊！”

“不是这个意思，约翰。我很感谢你在法律上为我据理力争。但这些结果对解决问题来说毫无意义了。”

第二件事是，我们一个保险公司辩护的诉讼团队在某次会议中提到，客户正在雇佣第三方审计团队对我们的诉讼费账单进行审计。这当然就意味着当事人与我们之间缺乏基本的信任。

大概在 1980 年年末，考虑到诉讼程序只能解决损失多少和赔偿与否的基本性质，以及当事人对争议解决的需求越来越多元的现实情况，我开始寻求职业生涯的转变。调解这个字眼自然而然地出现在了我的视野之中。随后，我与许多调解人一道，努力游说本州最高法院，试图让法官们准许并推行强制诉前调解的规则。

——约翰・范温克尔

开诚布公才是最佳体验感

信任的基础是双方能够开诚布公，而“开诚布公”这个概念的内涵非常微妙。作为调解人，调解中的一言一行都应让当事人感受到你内心真实的价值观，你需要确保参与调解的各方当事人能够得到平等对待——只有足够坦诚才可以让彼此能够开诚布公。尤其在首次调解会议

中，坦诚之重要性更是不言而喻。然而，正如罗伯特·本杰明指出的那样："大多数调解人都不愿意承认，选择坦诚内心的想法本身就是颇具争议，且往往让人左右为难的选择。"

每一个优秀调解人都知道，能够最终解决问题的调解程序必然是建立在与当事人之间的绝对信任关系之上，但开诚布公的同时却不可避免地需要用到"拐弯抹角"乃至"威逼利诱"的策略——这本身就是调解的一部分。最优秀的调解人会告诉你的是：最终，他们调解中所做的一切都是为了帮助当事人解决问题。

这是否意味着我们不够坦诚呢？我并不这样认为。我们无时无刻都必须为"不够坦诚"而自责。例如，找借口搪塞一次晚餐的邀请、明明心情低落却笑迎同事关心的问候，抑或收到一个本不需要的礼物仍然面露喜悦，这些都可以称为"不够坦诚"。"善意的谎言"若能促使一个积极的结果出现，我们都会避免"直言不讳"，这显然是当前社会文化的应有之义。同样地，在谈判中，"善意的谎言"也并非不够坦诚。关键在于如何富有建设性和创造性地去表达，并促使各方能够互谅互让、达成一致。

本杰明对开诚布公的研究可谓著作等身、见解独特。他指出："虽然是否诚实是衡量坦诚与否的尺度，但这并不必然等同于你的每一句话都得'一针见血'。开诚布公确实是建立信任的前提，但'在伤口上撒盐'也无益于信任关系的建立。当事人需要，并且也能接受调解人'善意的谎言'。当事人期待的是你能够帮助他们走出僵局——这与你明知不可能无中生有，但仍然愿意观赏魔术表演一样。"

绝大多数调解人对下面这个情景应该并不陌生：在我的一个保险案件中，原告方代理律师告诉我他们可以接受 100 万美元的调解方案，而另一面，保险公司胸有成竹地告诉我，他的授权范围可以签署 200 万美元的调解方案。在这样的情景中，我可以诚实地将原告方 100 万美元的诉求直接告诉保险公司，双方似乎能够皆大欢喜地解决这个争议。从调解人的伦理来看，我也不应该告诉原告方代理律师，说保险公司已经可以接受 200 万美元的调解方案，怂恿他们继续争取更高的数额。我主要的顾虑是各方是否都得到了平等对待，双方是否能够友好地履行调解协议，并确保日后当事人不会对我的调解服务心怀不满。我竭尽所能地促进各方之间全面的信任关系。我相信自己能够化解双方当事人的情绪对立，并最终能够共同探讨一个更为合理和公平的调解方案。基于这些考虑，我没有草草收尾。我仍然引导当事人参与了完整的调解程序，让我有机会去营造开诚布公的氛围。实际上，不需要当事人的陈述，我也能够理解这个争议的实质。但若因此省略“冗长”的沟通过程，直接抛出调解方案，当事人一定会在事后觉得实际上有机会赢得更多。随后背对背的沟通过程中，我很自然地沿着双方的初始调解方案引导当事人继续谈判，并提供了一些分析意见，让他们更合理地提出请求或作出让步，并最终在当事人的预期范围之内找到了一个令双方满意的调解方案。

我的做法严格符合诚实的定义吗？不。但是我对当事人开诚布公了吗？我认为是的。所有的人在调解结束后都感到心情愉快。原告方和被告方都觉得自己得到了平等对待，也坚信自己已经通过调解获得了最好的解决方案。正如抛球戏法那样，我喜欢将球高高地抛出，当它们落下时再轻轻接住。

本杰明就这个问题引用了一个更加极端的例证，作为区别坦诚和诚实的注脚：特里・韦特，一个曾经沦为人质的人质谈判专家。[1]1983 年，韦特接受了一个谈判任务，他需要与利比亚的领导人奥马尔・卡扎菲上校就释放英国人质的问题进行谈判。这个谈判对手在常人眼里就是“恶棍”和“疯子”。据我所知，他们初次会谈之前，韦特被强迫穿过一个运动场再与卡扎菲见面——这个运动场下面埋着许多被迫害者的尸体。韦特是一个虔诚的教徒，卡扎菲与他之间几乎没有任何道德共识的可能。但韦特在自己的道德厌恶之外仍然可以开诚布公，他妥善且明确地传递

1 1987 年 1 月 ~1991 年 11 月，特里・韦特在其与某极端组织的人质谈判中曾被扣为人质。——译者注

对坦诚的务实定义

许多人将“诚实”与“坦诚”混为一谈，更有甚者认为坦诚就是口无遮拦。但是他们忽略了一个事实，在调解，乃至日常生活之中，人们常常会有盲从和自我意识强化的倾向。在调解之中，从务实的角度定义坦诚，仅仅是指你能够赢得当事人的信任，走进他们内心，让你自己在他们内心决策的过程之中有足够的分量去引导他们做出正确的决定，即便他们自身原本是会犹豫和抗拒的。

——罗伯特·本杰明

了对于谈判目标的真实想法——即便是面对卡扎菲这样的人，他也愿意一起探讨合理的解决方案。这位利比亚的领导人也感受到了这份坦诚。最终，通过策略性的安排，卡扎菲接受了韦特关于释放人质问题的要求，人质最终得以释放。

这个问题的微妙之处在于：判断调解中坦诚与否不宜采取“马基雅维里主义”，结果当然不能将所有错误正当化。但是，调解中的坦诚并非对“绝对真理 / 正义”的追求或是简单地复述转递对方当事人的观点。调解中的坦诚来源于你自始至终都真诚地希望通过调解程序为各方找到一个最佳的解决方案。最优秀的调解人能够领会并认同这个理念，并将其投射至言行举止之中。就像史蒂夫·瑟沃瑞斯所述，“或许人与人之间关系的建立和维持有千万种方法，但精诚若不能至，自然难以融化当事人心里的坚冰。”

开启调解之门的六把钥匙

从事调解的乐趣之一还包括不断迸发的创造力和创新思维。调解人不是“穿灰色法兰绒套装”的古板形象。事实上，最好的调解人恰恰闻名于他们独特的品质，这样的品质能够从他们非同凡响的职业经历中折射出来——来自多伦多的调解人加里·弗朗谈道：“我曾当了五年的喜剧演员，然后做了两年的舞台剧编剧。之后到了美国，我又当了五年的房产经纪人，并逐渐开始接触客服工作，并提供关于组织架构效率的咨询意见。最终我成为了调解人，并获得了法学硕士学位。你看，其实也没有什么特别的经历。”

另一个知名的调解人托尼·派亚萨拥有法学背景的同时也是合气道黑带三段——“合气道是日本一种以柔克刚、以巧制胜的武术”。还有尼娜·梅尔丁，她凭借着自己诉讼律师和学校教师的经历在家事调解领域独树一帜。来自伦敦的托尼·威利斯，作为世界范围内都享有美誉的调解人之一，他曾经是英国一家一线律所的创始合伙人。几乎每一个优秀的调解人都因不同的经历而与调解结缘。

“从 1976 年开始，我在一家大型律师事务所里从事商事诉讼领域的律师工作。从事数年的诉讼工作之后，我开始相信‘一定有更好的争议解决方式。诉讼业务对于律师而言虽然利润丰厚，但诉讼的结局通常很难让当事人满意’。我见过太多的律师，他们在案件中的针锋相对几乎就像是为了获取当事人报酬而进行的表演了。我认为这根本就无益于问题的解决。”另一名调解人苏珊·哈默如是说道。

她进一步阐明：“所以，我开始探索一些新的尝试，例如与对方律师安排庭下的会谈，我会尽力与对方面对面地探讨问题的解决方案，不再受到法庭上对立气氛的影响。这种尝试收效显著！当时人们很少真的会为调解服务支付费用，调解也远远未能称之为一个行业，所以我当时并没有意识到这可以成为自己的职业。1988 年，我接受了正式的调解人培训，并几乎每个月调解一个案件。在接下来的十年里，我不断地参加各种关于调解的研讨活动——同时也在诉讼领域继续执业。直至 1998 年，我终于离开了自己的律师事务所，全身心地投入到了调解事业之中。”

必须深入某个领域之中

你必须得有一定的专业背景：保险、医药、法律等。仅仅当过律师并不代表足够的法律背景。对于实体问题，你必须有所专精。人们遇到问题时总是希望能有某一个特定领域的权威能够站出来帮忙。你需要成为这样的权威。当然，你也需要确实在这个领域有一定的影响力。

——克利夫·亨德勒

善于利用自己的专业经验

许多调解人曾经都有诉讼律师或者法官的职业背景——有人认为早已供大于求了！或许是个人法律背景的偏见，我始终认为一个好的调解人需要了解法律知识。当然，我也承认并不是所有的优秀调解人都是律师出身。克利夫·亨德勒凭借他作为保险理赔员的职业背景在保险争议调解领域得心应手，并进一步地利用他的行业经验在医疗事故和性骚扰领域的复杂案件中大展拳脚。克里斯托弗·穆尔是政治社会学博士，并致力于研究争议解决的技巧和方式，在其职业生涯中令人惊叹地解决了众多环境问题引发的争议，以及许多公共机构间甚至是跨国问题的争议。还有贝纳德·迈耶，她职业生涯的起点是一名社工和心理治疗师。他们每一个人都是凭借自己在原有领域的知识优势或人脉资源在攀登上了调解事业之中找到了属于自己的方向，并攀登至金字塔尖，走向了职业生涯的巅峰。

亨德勒进一步解释道："我之所以能够成功是因为入行够早。当然，我也在特定的实体行业有较强的专业背景，而且恰恰是充斥着争议的保险行业。保险业界的本质就是在当事人的索赔主张之中博弈和妥协。我知道，很多业内人士之所以尊重我，仅仅是因为我了解这个行业并且能够公平地对待他们。当我向他们提议说‘我这里还有调解这么一项服务’的时候，他们就会给我尝试的机会。万事总是开头难！”

成功的调解生涯并不需要完全从零开始。事实上，善于利用自己的专业经验就是你开拓调解业务的不二法则。

一切水到渠成

我从事儿童福利和心理治疗工作。在 1977 年至 1978 年的时候，我在博尔德运营一家社区儿童诊疗机构，参加了当地反对建设洛基核武器工厂的抗议活动。我曾被任命组织抗议者进行非暴力抗议的培训，并在这个培训中遇到了现在的合作伙伴克里斯托弗・穆尔。我们相见恨晚，并立刻合作开始组织一些非暴力的理性抗议培训和争议解决培训。

克里斯托弗被任命组织调解培训，他也向我寻求帮助。我当时认为我的专业背景可以和培训结合起来，并有助于调和不同的诉求。

最终，我们有四个人决定辞去原先的工作，全职投入这项事业。我们成立了科罗拉多州的合作决策咨询机构（CDR Associates in Boulder），这是一个非营利性的争议解决机构，我作为合伙人已经在这里工作了 25 年了。

科罗拉多州的合作决策咨询机构（CDR Associates in Boulder）刚刚成立的时候，我们从一些社区的小案子着手进行调解，如社区邻里间的争议、教会活动与临近高校间关于噪音污染的争议等。我们逐渐涉足家事调解领域，并组织了一系列的家事调解培训。随后我开始致力于将调解机制引入儿童保护领域，这也成为了我的博士研究方向。一切顺风顺水，我们开始涉足更多的领域，如机构之间的争议、公共政策的调解、劳工管理等领域。现在我们也开始在国际化领域施展拳脚，帮助其他国家建立和发展他们的争议解决体系。

——贝纳德・迈耶

迈克尔·兰德勒姆在成为调解人之前深耕于数家世界 500 强的公司法务职位，并作为诉讼律师执业数年。他说："我的职业生涯从劳资争议中的资方法务开始，一开始就在与工会的谈判中度日。我所接受的训练就是避免让'别人'来制定游戏规则，所以我总是尽力在自己的决策范围中解决问题。我对谈判双方总是有不同的说辞和认识习以为常。但非常罕见的是一方全错或者一方全对的情形，这在商业争议中尤其明显。"

兰德勒姆继续谈道："比起诉讼中是与非的决定与说教，调解的独特魅力是让我能够为当事人拨开争议的迷雾，用双方都能接受的方式化解对立情绪并调和他们的冲突利益。在民商事诉讼中，如果一方的事实证明达到优势证据的程度，他们就赢了。这意味着对方证据反映出来的事实毫无意义。我们可以通过调解的方式弥补传统争议解决方式这方面的不足。"

在调解行业里，最理想的发展资本恰恰就是你先前专业经验的延伸。如果你曾是一名社工或心理治疗师，你对于当事人情绪的洞察力和掌控力毫无疑问将有助于调解一些离婚争议、人身权争议和性骚扰争议。营造合作解决问题的氛围是你的拿手好戏，并能最终促成一些具有创造力的争议解决方案。即便你曾是一个不喜欢对抗的诉讼律师，法庭上的经历也将让你在诸如劳动争议、劳务争议、健康权争议，或是知识产权争议的调解中游刃有余。无论你曾经的专业经验是什么，它都是让你从人员"泛滥"的调解市场中脱颖而出的基础。

精准市场定位

数年前，一位担任营销总监的朋友与我很熟络。在他看来，服务或产品推广营销的诀窍就是"精准定位"——必须在市场中精准定位自己的产品。对于调解人而言，自身服务就是产品。若套用这个理论，作为一名调解人就必须在调解行业中找准自己的定位。我认为比被动分类更好的策略是主动根据自己的专业经验找到恰当的市场空间。

切忌贪大求全

能力是有界限的。在越来越成熟的调解行业之中，想赢得代理律师的选择就必须投其所好。他们需要的调解人不仅能够通情达理、值得信赖，也必须具备一定的专业经验。

——理查德·韦勒

举例来说，如果你常年从事劳工关系的工作，在这个领域积累了足够的人脉资源，那么你自然就应该将自己定位于专注劳工关系领域的调解服务。即便你涉足了商事领域，也应该时刻关注产生劳工关系争议调解需求的客户群体。我在自荐时从不会泛泛地介绍自己在商事调解领域的经验。我必须投其所好，所以我的标签就是："我调解劳工关系领域的事务。"

调解新人常犯的错误就是贪大求全。如果你自荐时说："我调解诉讼案件"，几乎等于什么都没有说。这样的表达失之笼统，难以让人记住任何有用的信息。假如你找准定位——以诸如"我专注于知识产权案件的调解（或劳工争议案件、家事案件之类）"自荐，你的名字就留下了一个关联信息，让人们能够记住你。如果恰巧是一个潜在的客户，发生相应的争议时自然就会想起你的名字。

开发市场空白

我很早就信奉一个理念——填补了市场的空白等于垄断了空白的市场。在我职业生涯的早期，在调解服务这样一个几近空白的市场，我有幸成为第一批"拓荒者"。当时，许多企业希望能够节约诉讼成本，而法院提供的传统"菜单"无法满足他们的需求。我和其他一些"拓荒者"用我们的调解服务填补了市场的空白。世事变迁，调解服务今天已多如牛毛，但不同领域的细分市场仍然存在不少的空白等待开发。

用恰当的商业策略在尚未人满为患的细分市场拓荒，也能够成为你制胜的法宝。例如，我曾鼓励我的助手潜心钻研劳工退休金保障法案（Employment Retirement Income Security Act, ERISA），这是一部联邦法案，涉及劳工法律关系中的劳工权利对价安排（包含了退休、残疾、健康、福利以及其他劳工权利）和知识产权保护的内容。ERISA 是一个日渐兴旺的细分领域，我的助手恰逢其时地在这个领域成为了“拓荒者”。

□ 精进调解技艺

调解新人可能误以为调解服务不过是自己原有职业的分支。而优秀的调解人却看得更广。尼娜·梅尔丁就此解释道：“这是一个思维上的转变。调解不是法律或者心理治疗职业领域的分支，而是一个全新的专业领域。调解人需要认识到这一点并加以学习，不能自认‘擅长交往’便‘赤膊上阵’。调解人和其他职业一样，需要从头开始学习——学习基础理论知识、积累实习实践经验、参与实例调解，并不断砥砺自己的调解技能。作为调解人应该对这种专业上的独特性保有敬畏之心。一个 40 课时的调解课程可能就让许多人开始飘飘然，指望能够开始自己的全职调解人生涯。这并不现实。在成为一个全职调解人之前，你需要在各个方面都做好准备——投入时间精力、参加大量培训、整合人脉资源甚至将你的办公室重新按调解的特点进行装修。选择投身调解事业之前，你需要考虑的是在不赚钱的情况下，你愿意坚持多久？”

□ 参加基础培训

在过去 15 年间，专业的调解培训课程从无到有，种类之多让人惊叹。

从零开始，如今的各类培训日新月异：调解入门培训、婚姻争议调解培训、争议解决培训、法律协商培训、谈判培训、跨文化培训、辩护培训、高级调解培训……培训的主题和方式也是五花八门：机构、高校，以及个人的面授课程、音频课程、视频课程……任君选择。你应该参加这些培训吗？我认为是的。为什么呢？原因在于你需要明白自己需要从头开始学习调解这样一门专业知识，这也就意味着你需要竭尽所能地在这个领域内拓展自己的技能。医疗争议、法律争议、教育争议、社会工作等，终身学习才能砥砺自己的技能、更新自己的知识、拓展自己的视野，让自己始终站在这些专业领域的最前沿。我们不能等着时代的皮鞭落下才开始前进，从迈入调解的门槛开始，我们就必须不断鞭策自己精益求精。

是否能找到一个可以一劳永逸的培训课程？恐怕希望很渺茫。况且培训不能取代实战中积累的经验和领悟。

克利夫·亨德勒这样描述："许多人都是从一个 40 课时的入门培训课程开始起步。参加入门培训相当必要。仅仅是能够调解一些生活、家庭或同事之间的琐事并不意味着你具备了一个职业调解人所必需的技能。入门培训会搭建一个调解的框架，让你明白自己在日常的调解中到

演化中的调解服务

40 课时的调解培训并不能让你成为真正的调解人。如果你是一名艺术生，老师可能会教你关于色彩、明暗，还有画笔与线条的知识。但当你面对画布时，没有人能够教你如何作画。你需要深思熟虑，发展出属于你自己的“艺术”。调解是一个动态的过程，即便是今天我调解某个案子时使用的技巧未必与去年相同案件中使用的技巧一样。调解服务本身就在不断演化。所以，保持终身学习的心态至关重要。

——罗伯特·A. 克里欧

底做了什么，以及为什么要这样做？”他继续说道：“我参加过数百个课时的高级调解和谈判培训了。但是，这些培训仅仅是让我拥有不同的‘画笔’来勾勒自己的调解风格。这就像你在学校里看到书本里相同的文字，但书写得如何取决于每个人的风格。”只有不断地认真练习才能写一手好字。

学习永不停歇

梅尔，他是一名资深的诉讼律师，在退休后却闲不下来。他报名参加了我组织的一个为期六天的培训课程，希望深入地了解调解行业究竟是如何运行。他对这个培训课程非常满意，并在接下来的数年里参加我讲授的所有培训课程。终于，在一个数年前他已经参加过的培训课程中，我又看到了他的报名表。于是，我打了一个电话给他。

“梅尔，或许你应该参加另一个培训课程，这个培训课程的内容对你来说可能会是重复的”我说。他很坦率地告诉我，他已经忘记了这个培训课程中那些调解实例的巧言妙语，他希望能够回顾一下而已。他补充说道：“上一次的培训中我获益匪浅，而且非常愉快。我并不介意再参加一次这个相同的培训课程。”

即便你已经参加了 40 课时的调解入门培训，并已开始从事实际调解工作，继续不断的培训也是非常必要的。许多优秀的调解人也提供各种各样的培训课程——这是他们的一项副业，但这并不意味着他们已经“无所不知”。每一个调解案件都能让我技艺精进，每一次调解培训都能让我博采众长，每一次阅读体验都能让我汲取养分。调解的专业书籍当然是阅读的首选，但我也会翻阅一些社会心理学、谈判、影响力、领导力等各种各样的书籍和论文，即便这些书籍与调解并没有直接的关系。涉猎广泛且开卷有益，我相信这并非自己一个人的感受。“我总是在第一时间阅读一些新的商业书籍、医学书籍和相关的教材。我希望自己的思想能够紧跟发展和变化的潮流。我在调解中的灵感往往来源于此。”一个调解人这样说道。

你永远都不会知道下一秒在调解中会遇到什么样的难题，也无法预测该采取何种应对的知识和视角。几年前，在我的一个调解案件中，我甚至用上了脱口秀培训课程中习得的技巧。我从来没指望过这样的培训能对调解工作有所裨益。但事实是，脱口秀与调解的技巧不谋而合。其中最为显著的是，我发现脱口秀演员营造观众情绪的方式与调解人引导争议当事人情绪的方式竟有异曲同工之妙。在脱口秀中常用的冷笑话技巧——将之前调侃观众时埋下的梗汇集起来常常会有奇效。调解人若是千篇一律地按照调解入门培训的方式推进调解程序，完全不顾个案当事人的特点和关切点，那么调解人无法在这场调解博弈之中走入当事人的内心。

如果你的调解事业刚刚起步，可以考虑找一个调解人作为导师（第陆课会详细探讨这个事项）。或者至少可以询问你所敬仰的调解人，求得观摩他们调解实例的机会。这些年，许多培普丹大学法学院的学生都会观摩我的调解。他们对调解细节提出的问题和反馈的意见让我可以从不同的视角完善我与当事人的沟通技巧。在与他们的讨论中，我会反思自己所采用的调解策略和技巧，并进一步地增强我的判断力。除此之外，有人观摩往往还会让当事人有不一样的感觉——他们大多会觉得是一种荣幸。

调解是我们的使命召唤

“调解是我的归宿，我天生就适合。我感觉成为调解人就是命中注定的事。当我迈出调解人的第一步，坦白说，我就是想帮助当事人发现他们内心真正的诉求。”米歇尔·奥布拉多维奇这样说道。至此，有一个事实已格外清晰——对于优秀的调解人来说，调解远远不止于糊口的职业，调解是他们的生活方式、是他们选择的人生，是他们生活的归宿。

苏珊·哈默提出建议：“参加入门培训后仍然应不断地训练自己、

不断地阅读、不断砥砺自己的实战技巧。你所获益的不局限在调解之中，你每天的生活都将因此而改变，调解的技巧能够让你更加从容地应对不同的意见。你在调解中倡导的理性和智慧会萦绕左右，并内化成你的信仰、成为你的生活方式。这将会让你成为更加可靠的调解人——你举手投足都尽显调解人风范。”

·领军人物的成功窍门·

1. 表里如一

如今的争议解决市场里少说有上千调解人，每天还有源源不断的新人出现。但你的调解服务不可复制。因为每个人的人生阅历不尽相同、天赋能力有所差异、实战技巧多种多样、人格魅力也各有千秋，人们对你调解服务的感受自然是冷暖自知。在每一个场合都展现真实的自己。如果你挥不出泰格·伍兹的杆头速度，就千万不要像他一样的挥杆击球。

2. 开诚布公

对事实真相的条分缕析、对创造价值的不懈追求，还有对于争议解决的百折不挠都是你开诚布公的前提。你的坦诚一定能够让人们在调解中感到你的善意——你衷心地在为他们解决问题。作为回报，他们会自发地跟随你的思路，哪怕曲径幽深也不半途而废。

3. 有所专精

仅仅因为对金钱的追求就随意选择一个“钱景”不错的领域恐怕是最为糟糕的职业选择方式。你需要根据自己的兴趣和专业经验选择一个领域，专注并坚持自己的定位。当你在某个领域已然成为权威，人们自然会慕名而来。

4. 砥砺磨炼

40 课时的调解入门培训只是入门，不能一劳永逸。最优秀的调解人知道学无止境：参加专业课程、各种培训和研讨会；与同行面对面交流或在网络上相互切磋；广泛地阅读、关注生活细节之中的变化；从每一次调解案件中汲取养分等。天行健，君子以自强不息。

第肆课 CHAPTER 04

人才是万物的尺度

“最有效的宣传营销就是踏实办好每一个案件。”

——理查德·韦勒

某个周六的下午，两位律师在高尔夫球场上进行了如下交流：

“我手头一个可能非常棘手的玩忽职守诉讼案件恐怕只能通过庭外和解的方式解决。你知道哪个调解人能够处理这样的案件吗？”

“我之前和特德合作了几个很麻烦的案件。有一次调解的时候，当事人谈判到一半就已经心灰意冷了，但特德没花多少工夫又将谈判拉回了正轨。”

“恩，我听说他在每一个案件里都是不达和解誓不罢休。弗兰

注重存量客户的用户体验

宣传营销是一个过程，不是一两次活动。你的言行举止都是宣传营销的一部分：无论你是在调解或是在着手其他任何事情都一样。从本质上来说，宣传营销就是一种“前额叶认知”的过程：在客户的潜意识里铺垫一种理念，待他们需求产生时自然会登门造访。

全美的律师协会的许多调研结果都显示，源自存量客户的律师业务远远多于源自增量客户的律师业务。所以，我们在稳固拓展新案源的同时，必须得花足够的精力保证老客户的用户体验和案源渠道。所以，从商业运营的角度看，存量客户（指代理律师，而不是当事人）对你是否满意比你是否能真的解决每一个争议案件更为重要。即便你为当事人解决了某个争议案件，但没有顾忌这位代理律师的感受，显然就等于失去了分享这位代理律师案源的机会。

——拉尔夫·威廉斯

也提到过，她通过特德的调解总能找到巧妙的解决方案。不过好像他的调解费用比较高，是吗？”

“一分价钱一分货，况且如果你能够通过他的调解解决问题不是很好吗？”

“有道理。我今天下午就给他打一个电话。”

能做到案结事了，树立自己的口碑，确实就是你最有效的宣传营销手段。相较于高超的谈判技巧，“口碑营销”是让调解人能够脱颖而出的关键——当你的调解服务已经有口皆碑的时候，来找你的当事人自然会络绎不绝。对于那些“天生的销售员”而言，“口碑营销”就是一种本能。幸运的是，我们大多数人同样可以通过学习和努力来掌握这样的技能。

学会讲故事是第一要务

马尔科姆·格拉德韦尔在他的畅销书《转瞬之间》（Blink）中阐述了潜意识里人们是如何建立彼此的印象，各种先入为主的判断是如何在转瞬之间形成的，随后出现相反的信息也无法扭转这种主观的判断。无论我们多不情愿承认，人们对调解人的选择也遵循相同的原理。几乎不会有人花费数周甚至数月的时间去调研调解人的背景信息或是去收集核对大量的数据进行对比。在选择调解人这件事上，人们倾向于依赖主观喜好进行决定而非实际发生的事实。这种选择取决于你口碑的好坏，是否与你相识如故，甚至你是否有“噱头”等因素。就像罗德尼·马克斯说的那样：“战斗的锣鼓从调解开始前就敲响了。如果你没有可靠的口碑、缺乏公允的判断力甚至对程序都不甚了解，那么你肯定入错了行。虽然一些大公司会雇用许多备选调解人，但每一个调解案件都是量体裁衣、对号入座的。人们会脱口而出的是：‘这个案子我要用罗德尼·马克斯，不是乔·施莫’。”

如果你能给人们留下一段津津乐道的调解轶事，你的名字就不再停留在纸面上了。这不仅让人们记住你，更会让你有口皆碑。若能够从当事人亲历的角度或者旁人评论的角度铺陈开来，那更是锦上添花，甚至可以将这些观点和评价收录到个人简历之中。曾有一位很优秀的劳动法律师对我的评价是“像德国牧羊犬一样不达使命誓不罢休！”我认为这是我所得到最好的评价之一，“德国牧羊犬”的比喻成了人们谈论我的很好话题。事实上，像我一样对每一次调解都坚持到底的调解人还有很多，但“德国牧羊犬”这样一个活灵活现的比喻远比“坚持不懈”更容易引发人们的兴致，也更容易让人们想到你和你的调解服务。

想一想在调解领域的那些超级明星们，你知道或能说出他的什么故事？你肯定听说过有这样一个调解人，顺风顺水的调解事业人人艳羡。他每次调解的收费都是上万美元，经常能够促成数百万美元的和解方案，甚至在全世界都有办公室。他有可能是调解历史上最优秀的调解人，或许他做的事情与其他调解人没什么不同，但是“高端”的噱头让人们争先恐后地想要获得他的调解服务。

从这个意义上说，这位调解人和其他时髦商品有许多共性。许多人追捧最新的 iPod 产品，至于他们是不是确实有数千首音乐需要存在硬盘里则不那么重要。很多人还向往拥有黑莓手机悬挂在自己腰带上，即便他们从不出差，也没有那么多电话和电子邮件需要处理。人们肯定也会希望购入最新最快的电脑以便“更好”地工作。无论谈论的是 iPod 还是调解人，人们遵循着羊群效应——别人买的准没错，价格并不那么重要。现实中，更有一些当事人抱着“只买最贵”的心态期待最好的调解服务。这都有实实在在的事例。一名优秀的调解人直言不讳：“当你的案源到达某个层次之后，1 万美元的调解费用就不足为道。如果当事人认为我的收费太高，那么（1）他们的争议案件并非事关举足轻重的利益，或者（2）我的专业服务可能大材小用了。”

事实就是如此，关于你和你的调解服务的正面话题可以且让你不再为案源发愁。宣传营销的本质就是让自己“流行起来”，借用格拉德韦尔的妙语就是“要毕其功于一役”。杰夫·夏普也认为：“家喻户晓岂会门可罗雀。”

当然，你无法空穴来风。主动融入你感兴趣的那些领域，主动接触可能有潜在案源的“小圈子”，如律师协会、人力资源部门，或者其他一些你感兴趣的地方。倾听当事人的需求，并有针对性地在相应的专业领域储备经验。分享你在具体调解案件中的趣事，他们会口口相传。像一个作者那样，为自己撰写一个吸引眼球的标签，方便别人引用；在设有争议解决专栏的网站撰写一篇专业文章；成为当地商会的顾问委员并参加一些公益活动；不要放过那些具有涉外因素的争议案件。这些经历都会让你的简历增色不少，丰富经历本身才足以支撑你的“噱头”。给自己列一个清单，写上在未来一年能够提高知名度的活动计划。你不一定要盯着高大上的争议案件，只需要让更多潜在的客户能够通过更有效的方式了解你就可以。

这些宣传营销的效果还会带来额外的收益：你会遇到那些不曾预料会遇到的人或那些尚未开始考虑的事。假如参加一个法院组织的志愿调解委员会，你或许就能够遇到律师协会的核心人物，也可能与法官们就如何让司法制度更加完善展开讨论。仅仅是置身其中就足以让那些在法院遇到你的人立即会将你视为权威的调解人。转眼间，你不费吹灰之力地将自己融入这个圈子之中了。

四 R 策略

你一定知道三 R 策略。我的宣传营销方式更进一步是四 R 策略：调解成功的故事（Results）让我有良好的口碑（Reputation）可以接受更多的指定（Referrals），并能够有源源不断的案源（Repeat）。

——保罗・莫妮卡蒂

调解事业中的转折点

“人们最终关注的还是结果，”罗伯特·詹克斯说道：“如果你从未有过成功调解的案例，恐怕也不会有太多人选择你。”从某种意义上来看，你只需要等待一个“恰如其分”的转折而已。

一位调解人老朋友几年前在一起相当棘手的玩忽职守案件中力挽狂澜，那时他已经奋斗到了调解行业金字塔的中间阶层。在这个案件中，原告、被告双方在诉讼程序中僵持了许多年，彼此之间充满敌意。这次调解是解决他们问题的最后一搏，但其实双方都不抱有调解成功的期望。而这位故友成功地让当事人绝处逢生——当事人不仅仅达成了和解协议，更彻底放下了成见。双方不仅不再互相指责，而且还互致歉意，虽然这些都与赔偿无关。简言之，他一如既往地妥善解决了争议。双方律师也对这样的调解结果感到不可思议，并开始将很多原本会径直走上法庭的争议案件交给他进行调解。双方律师在任何场合都毫无保留地表达出对他的溢美之词，称他为“创造奇迹的调解人”。这对我的老朋友来

踏实办案就是拓展案源

我相信优秀的调解人都没有时间去寒暄。拓展案源的方式就是踏实办案。我从清晨 7:30 开始调解，可能直到夜晚才能打破僵局。或许直至半夜 2:00 才能结束调解。第二天工作开始之前你还必须敲定所有的协议细节。如果一周有三个调解日程的安排，那么剩下两天肯定需要设计调解方案或跟进履行情况。这意味着，即使我们刚会完面，当事人可能前脚迈出门时就会接到我的电话。我会成为他们最先考虑的人选。最重要不是我的宣传，而是实实在在的工作。

——罗德尼·A. 马克斯

说，就是“恰如其分”的转折。在不经意间，他的调解日程表再无空闲，直至今日仍是如此。

我还有一位朋友曾经为了解决一起涉及多方的建筑工程质量争议案件，执著地耗费了整整六个礼拜的时间。她几乎每时每刻都在给各方的代理律师打电话进行沟通协调，直至将所有的分歧都一一化解。整个过程中，她与每一方的代理律师都建立了良好的互信关系。她的执著和热忱让所有人终生难忘。后来，参与这场调解的每一个律师都开始不断地给她带来调解案源，这也为她的调解生涯打开了局面。

拉尔夫·威廉斯是洛杉矶地区的一个调解人，他提出了一个建议“下杆之前先弄明白池子里有没有鱼”。这是一个很好的建议，但并不需要追求“一网打尽”，你只需要瞄准几条大鱼下钩就可以了。上述两例调解人的经历可以反映出来，将代理律师也作为客户可能会让宣传营销工作事半功倍。在每一个调解案件中，只要一位代理律师觉得满意，并对你的调解服务抱有信心，那你必定能够从他这里获得新的案源。并且，在下一个案件中，你又会见到对方不同的律师！苏珊·哈默保守地估计，说道，“在通讯录上的每一位代理律师都有可能带来潜在的调解案源。我与他们绝大多数人都保持着良好的私人关系。无论你打的广告多么响亮，厚积薄发是颠扑不破的真理，最终能够派上用场只有口碑。”

第一印象最重要

或许以貌取人很肤浅，但这几乎是无法回避的事实。我们都会很自然地将外表穿着与人品个性联系在一起——每个人都会在潜意识中将面相端正、衣着考究与天赋聪慧、和善诚恳这些品性联系在一起。或许正是基于这个原因，那些容易让人感受到亲和力的人往往更容易劝说并改变别人的态度，并最终达成他们的目的。有意思的是，在许多优秀的调解人中，却很难找到那些有着模特或者电影明星一般面容的人。我们几

约翰·韦恩[1]会用谈判解决问题吗?

为什么很少有人会在摊上麻烦事时直接去找一个调解人寻求帮助呢?为什么人们总是首先想到自己需要一个律师?

你见过约翰·韦恩用谈判解决问题吗?没有。这就是我们国家的价值观。约翰·韦恩不仅仅是电影明星,他更是这种价值观的象征,许多美国人都以他为榜样。他活脱脱地演绎了“举起你的盾牌或者缴械投降”这样的价值观。只有弱者才需要谈判。这是为什么大部分人总是首先寻求律师的帮助。他们对自己解决问题的能力没有信心,更不愿意低声下气地谈判,把这些事都交给律师就好了。对于调解行业而言,宣传营销的目的就是让人们知道,谈判并不等于放弃或者妥协。

——罗伯特·本杰明

乎都是其貌不扬的普通人,但都谙熟树立良好第一印象的诀窍。能够理解其重要性并树立良好的第一印象会给你的调解事业带来很大助益。

第一印象需要深刻,不仅仅是浅显的好感,这至关重要。这意味着在客户或者潜在客户打交道的任何场合,你都应举止妥当、衣冠整洁,展现出一个最好的“真实的”你。但是这涉及两个层面;一是需要“包装”自己;二是不能徒有其表,要以兴趣和智慧作为支撑。如果当事人乐于与你交流,你也表示足够诚意的话,他们自然会乐意花些时间了解你的调解服务的。

律师是争议解决市场的看门人

除了在一些公共政策领域,或是其他一些律师很少参与的领域,最

1 约翰·韦恩,好莱坞明星,以演出西部片和战争片中的硬汉而闻名。韦恩是超出了辨别一位著名演员的一般标准,他代表了美国的价值观和理想。——译者注

能直接影响当事人调解意愿的往往就是具体争议案件中的代理律师。所以，律师群体可谓把守着进入争议解决市场的大门。这是所有人的共识，并且也是符合客观事实的。

克利夫·亨德勒说道：“许多人遇到麻烦事或者需要解决争议问题的时候都会咨询律师，商事领域尤其如此。事实上，商人永远不会直接给一名调解人打电话。而代理律师愿意诉诸调解也是基于把控个案胜败风险的权衡。99% 的代理律师不会真的愿意在法庭上对峙。诉讼代理本身存在风险，同时成本也是巨大的。在绝大多数的争议案件中，律师们都很清楚，相对于诉讼而言，谈判可以更加有效地解决当事人的实际问题。”

杰夫·夏普也同样提到：“很多调解人低估了律师这种‘看门人’的角色，忽视了他们对于争议案源拓展的重要性。调解不同于其他专业服务，调解程序的特点就是调解人的不可替代性。代理律师之所以愿意将案件托付给我完全是基于对我个人的信任，若他们选择乔也只是因为看中乔这个人而已。”

这是需要面对的事实：无论你有多高的专业技巧或者多广的当事人资源，决定你案源丰俭的人还是律师群体。他们才是与你打交道并决定

其他的“看门人”

律师业的这种重要性是因为我们社会多年来形成主流的争议解决环境所致。所以律师群体成为把控争议解决市场大量调解案源的“看门人”。但是法律圈的人脉也不是唯一的案源拓展途径。公共政策制定领域的调解服务通常都有政府部门的经费资助，案源通常也来自健康管理和心理咨询团体的指定。直接与争议当事人接触也是另一种案源拓展方式。对于刚刚入行的新人来说，在成熟的争议解决机构工作也可以很好地拓展自己的人脉网络。

——贝纳德·迈耶

调解与否的人。当然，站在金字塔顶层的调解人不会为案源奔波和发愁。当他们在顺利解决一个争议时，下一个案件的当事人已经在排队了。但是高处不胜寒，没人可以一劳永逸。对于我们绝大多数调解人而言，案源拓展应立足长远、持续不断。而且老实说，这项工作令人愉悦。

“宣传营销对于我们这些在法律圈里的调解人而言是颇有意味的铺垫工作。纸上谈兵或者泛泛而谈的宣传营销方式不易获取律师群体的信任，他们决定参与调解或者决定将当事人的争议引路至此需要看到有价值的‘干货’。我想，这个圈子里的调解人必须明白这一点，这是法律行业的环境使然——法律服务的宣传营销必须言之有物且有的放矢：简言之，内容为王。”杰夫·夏普还补充了他的这个观点。

来自洛杉矶的调解人杰夫·嵇查文也赞同这一点，他说“我试图融入我的客户群体——其他的律师，我始终对他们想要达到的目标、他们遇到的疑难，以及他们担心的事情保持关注。我的宣传营销并非漫无目的的‘宣传和兜售’，我尽力想要帮助他们解决实际的问题，并按照他们习惯的游戏规则行事。”

在下一章将要展开叙述的“看得见”的宣传营销手段，也都是置于法律行业这样的重要背景之中。与法律圈里的人们交流、向他们关注的期刊撰稿、对法律行业的新闻保持敏锐、参加他们的研讨活动，并认真对待他们的着眼点。律师们从调解中希望得到的并不仅仅是一个合乎情理的解决方案，他们还希望这样的结果能够让当事人感受到他们作为律师的服务价值。如果你能够兼顾彼此，那么这些律师的案源也将终生向你开放。

共同共通拉近彼此的距离

“你也有一只宠物犬吗？真巧，我家的宠物犬也是我的心肝宝贝。我们可以找一个下午，让它们能够互相玩耍。”其实有时候就是这么简单！

人们总是倾向于与有共同共通之处的对象建立并联络友情，这不限于相同的观点、类似的性格品质、共同的背景阅历或是相近的生活方式。这并非让我们伪装自己并在潜在客户面前见风使舵。相反，你应开诚布公，从真实的自己身上找到与他人的共同共通之处。

从当事人迈入调解中心的那一刻起，在我力所能及的范围内都铺垫着所有能够共同共通的契机。办公室的墙上挂着 1956 年道奇棒球队的传奇投手桑迪・科法克斯的卡片，我的书柜中摆满了许多有趣的书籍，还有关于我父亲在 1959 年获得专利的自动打褶技术的展示资料，人们的注意力总能有所落脚，而我当然非常乐意捡起任何一件轶事与当事人交流。没有刻意呈现，这里的每一个物件都从不同的侧面勾勒出真实的我。尤其是我陈列在办公室里的棒球大事记，其中的某些内容对当事人总是有着特别的吸引力。“你也喜欢棒球吗？我也是棒球迷！”这样的开场白总能在某种程度上让我与当事人找到共同共通之处。

共同共通之处，哪怕只是不起眼的小事，也能够让当事人在内心对于你的观点或方案进行抉择时多一个理由——这可以是当事人认为调解优于诉讼的理由，也可以是当事人接受你对调解方案评估的理由，甚至可以成为当事人认同你的调解费用的理由。这个理由可能是因为当事人饶有兴致地与你谈论了你的金毛犬，或是你们对高尔夫运动兴趣相投，或许仅仅是因为你打算新购一辆当事人开来的同款宝马车。这看起来简单到不可思议，但调解人正是从这些地方着手找到最终促成共识的窍门。当事人的想法可能会因此发生改变，他们或许会暗自考量：“嗯，我们之间并没有多大的不同，或许他的观点其实与我的观点也是殊途同归。”

持续地联络增加亲近感

出席不同的会议场合、对客户的电话回访与致谢、持续跟进争议案件的进展，或者哪怕是逢年过节的问候……优秀的调解人对这些扩大自己曝光度的方法都了然于心——通过持续不断地联络，加深人们对自己的印象，这有助于你在将来的调解中或者案源拓展工作中事半功倍。迈克尔·兰德勒姆说道："我在真正进入调解之前做了许多铺垫工作。无论是日常的联络还是调解意向确定前每一到两周给代理律师办公室的电话确认，这个时候调解中痛苦的'讨价还价'过程还没有发生，人们往往没有太多的抗拒，也不会反感。"

罗伯特·A. 克里欧补充道："当争议案件调解结束之后，无论是否调解成功，我认为持续地面对面地跟进不是坏事。与代理律师之间的那些回访对话也总是让人受益匪浅。人们也会向你致谢。"

如果调解开始时，你与律师仅有一面之交，甚至只是电话交流，这种彼此的陌生会让他们对你的观点和方案保持疑虑。和陌生人讨价还价并达成一致是十分困难的。如果在进入谈判会晤之前，各方已相互熟识，并已经面对面地进行过沟通，你在调解过程中的每一个节点都会更有说服力。站在中立和客观的立场上与人们加强联系可以让你在调解时更从容，这会为你们展开富有成效和有益的谈判创造契机。

做解决难题的"及时雨"

我与人沟通进行宣传时或许并非按常理出牌。当我遇到那些会给我带来潜在案源的客户时，往往只需在沟通接近尾声时再一笔带过关于调解服务的介绍。相反，类似于 20 世纪 50 年代那些早恋问题专家与青春期少女的沟通重点：我会更多地去询问他们有什么样的困惑和烦恼。事实上，信任关系的建立正是从关怀顾虑开始。我们需要给他们一条出路——了解具体争议问题是什么，并提出解决问题的方案。

例如某次在一场冗长的工作午餐会上，我注意到一个朋友不停用手指敲着桌子，他很少这样焦躁。于是我问道："迈克，怎么了？你似乎有些焦躁。"

他的回答是“我代理的有几个案件几乎没有胜算了，而且如果最终输掉的话，可能我只能和事务所说再见了，甚至我得换一个职业工作了。”话语间，他一口气喝掉了杯子里的酒，然后示意服务员过来。

我说道：“很遗憾听到这个消息，但你觉得这些当事人有可能会愿意进行调解吗？如果调解的话就不存在输赢的问题了，你的问题也就迎刃而解了。”

“我不知道，杰夫，或许可以吧？”他有些犹豫。

“对方的代理律师是谁？如果我认识他们的话，我可以试试邀请他们来进行一次调解。”

他打起了精神说道：“这样可以吗？我知道你的日程已经很满了。”

我继续说道：“让我看看能为你做些什么，迈克。我希望能够帮助你渡过难关。”

经验告诉我，人们往往只会在遇到麻烦事时才有可能愿意尝试调解服务。去发现并关切潜在的客户需求是最为直接有效的案源拓展路径。迈克后来将他的案件带到了我这里，而最终能够成功调解也是因为我在一开始能够关注到他所焦虑的内容并主动施以援手——我知道调解本身能够为迈克找到彻底解决问题的出路，我也开诚布公地让他感受到了我帮助他解决问题的善意。

□ “我能帮您什么？”

对于我而言，调解人和当事人之间的关系是基于互惠共赢的范式。在前面的案例中，我的朋友迈克作为案件的代理律师确实感觉到左右为难，并且诉讼失利的结果直接威胁到了他的职业生涯。在其他场景中，当事人都处于担忧和焦虑之中：例如生意上的失利、对离婚后一无是处的担忧、身受病痛折磨却还需要经历漫长的程序才能在医保体系中获得费用赔偿、遭受到雇主的不公正待遇却又无力做出改变、因为一场醉酒交通事故失去了挚爱，林林总总，不一而足。他们希望能够通过调解减轻这种担忧和焦虑，或许只是从对方那里扳回一城就已足够。如何调解对他们来说并不重要，他们期待的是调解人能够像对待其他案件那样，切实解决他们面临的问题。

这就如同医生对患者进行诊疗，我提出问题，试图慢慢确定他们担忧和焦虑的源头。当患者感受到我对他们担忧和焦虑的理解和对解决问题的关切时，剩下的就是按部就班地在调解日程表上往前推进了。

及时表达你的关切

“医生，为什么我总是会有这些噩梦？”

“你能不能告诉我为什么你认为总是会有这些噩梦呢？”

如果你曾经接触过这部关于神经科医生的动画片，那么你一定对上面这段对话印象深刻——神经科学中称之为诱导回复的方式：用一个诱导性的提问回答患者的问题。如果有当事人就一个潜在的争议案件咨询我，诸如“你以前处理过类似的零部件制造商的案件吗？”我从不会说没有。我们都清楚，在大多数情况下，这些争议本身并不在于是关于零部件生产还是关于医疗事故，抑或是关于配偶之间的争吵。驱动这些事件形成争议的原因往往需要检视更深层面的问题，调解正是需要解决这些更深层面的问题。所以，与其就事论事地答复潜在客户咨询的事项，我更注重去探究驱动争议形成的深层原因。而且，就事论事的答复在无意间或许会让当事人忽视驱动争议形成的深层原因是什么。所以我的回答将会是这样“你能不能告诉我具体是什么样的案件呢？争议是什么？”

我试图就当事人的境遇进行“诊断”，也就是说我希望更多地了解争议本身和驱动争议形成的根源，并在此过程中找到自己能够提供帮助的环节提出专业的见解。坦白地说，是否处理过一模一样的案件并非如此重要。当事人关注的是你是否能有妙计让他们脱离困境。

如果你对自己过往调解成功的经验长篇大论，恐怕会错失相当多的潜在客户。不过，如果你能引导潜在客户更清楚地描述他们的窘迫，用心倾听且对症下药地与他们进行交流，那么你对于他们担忧和焦虑的关切自然会给予他们选择你调解服务的信心。在你们互道再见的时候，当事人能够感受到你对于争议问题的见地，并且你们已经建立了良好的信任关系，这将会有助于你随后推进调解的具体工作。

为争议解决创造价值

无论是在调解中组织当事人进行谈判或是在调解前期的单方会议之中，我总致力于为当事人寻找谈判的方向，并鼓励他们就这些方向里的具体内容进行谈判。这不仅为当事人创造新的解决问题的方法，为当事人找到潜在的利益共同点，还能够为当事人打破谈判僵局提供新的契机。我认为这些调解成果都创造了争议解决的价值。

事实上，创造价值就是获取当事人信任并最终成功调解的基石。需要我们重点关注的是，能够在争议的“雷区”提供可靠的指引，让当事人避免最终矛盾的升级和争议的爆发。在对自己的调解服务进行宣传营销时，你可以通过准确定位争议的成因和当事人担忧焦虑的源头来创造争议解决的价值。让他们明白为什么他们会感到担忧焦虑，是什么导致了争议，并表明你的调解服务将如何解决他们的问题。当你传递了这些信息之后，接下来就可以着手调解并找到问题的解决方案了。

让潜在的客户能够看清调解的价值也很重要。例如，曾经有一个客户告诉我他们愿意选择我作为一个巨额争议案件的调解人，但辩护方恐怕会认为我的调解收费过于昂贵。他们也考虑过向对方提议三名普通退休法官作为调解人，却对这三位法官的调解能力缺乏信心，这位客户担心案件最终还是会进入到诉讼之中。如果案件最终进入到诉讼程序，他的职业生涯恐怕也面临挑战。与大多数类似的当事人相同，他们忽视了重要的事实——这是个棘手案件，调解解决是唯一的良策。把握住这样两个事实，我知道已经可以将这个案件纳入调解日程表之中了。

我提醒客户注意，如果辩护方只是因为费用过高而不愿选择我作为调解人，那就意味着辩护方已经感觉胜算在握，那就需要找到符合他们这种理解的费用承担方式了。这样的说辞让客户的观念产生了转变，一旦他从这个角度来看待收费问题，他很容易就能让辩护方也接受我的调解服务。[1]

如果客户的案件事关公司前途的话，那他们找到你的理由很简单——他们相信你能够成功地“搞定”这个案件。所以如果想要处理这样的案件并收取“高端”的调解费用，你也必须抱有破釜沉舟的信念去进行调解。无论这个争议案件多么复杂，需要持续多久或花费多少精力，你都愿意陪伴当事人一同经历。客户需要确信，你能够竭尽所能地帮助他们脱离困境。我总是会这样说：“当争议看似不可避免的时候，通过调解成功避免争议才是我调解服务的价值所在。”若当事人已经对某个案件绝望，这正是我能够展现创造力的时候——我能找到更好的解决方案或者以意想不到的方式去解决他们的问题。

解决争议的灵感总是让人赞叹，但很难向客户坦白的事实是，只有在他们身逢绝境时的逆转才能称为神来之笔！而这所谓的灵感背后，是调解的真正价值所在——希望。作为调解人，你最有效的宣传营销说辞是：当你的争议陷入僵局，需要一个人能梳理解决方案并促成成功的争议解决，我和我的调解服务将会成为你的最优选择。当然，说辞之下，需要你身体力行地为争议解决创造价值。

成交是对调解人最大的信任

拉尔夫·威廉斯很直白地道出了他的宣传营销之道：“我们提供调

1 申请人自己预交费用。——译者注

解服务的目的是解决争议，这才是调解的价值所在。”这一点很关键。人们为调解付费是希望能够圆满解决争议案件。我的调解费用较同行高出许多，客户也只会在充分的准备后才会找我进行调解。我相信如果他们愿意为调解支付高昂的费用，那么这个争议从一开始就具备了成功调解的基础。

从实务层面上来说，在决定促成并结束一次调解、准备在调解日程表上安排下一个案件时，你需要确保眼前的客户有足够的调解预算。你当然可以基于热爱而从事调解工作，这样的状态最没有负担。但如果希望能够以调解事业为生，那么你需要确保你的调解服务从客户那里能够获取足够的报酬。如果某个客户不愿意或无法支付这样的报酬，那么或许此时此刻还并不适合成为他们案件的调解人。

如果眼前的客户有充足的调解预算，而且你对成功解决争议也胸有成竹的话，那么将潜在案源转化为案头的调解工作就如同职业扑克选手打一手好牌那样简单。

“我知道你可以为我们调解这些争议案件，但是我的当事人是否愿意接受你的调解服务还不确定。你知道，有许多优秀的调解人，他们的费率比你低很多。”不止一次有客户这样表达他们的顾虑。

我会这样回应：“决定权当然在你的手中。不过我是这样认为的：你当然可以选择费率较低的调解人，但支付更多的费用说不定就可以让对方律师同意负担一半的调解费用呢？你选择的不仅仅是更好的调解人，而是选择一种双方都能够全心投入的调解服务。我相信如果对方也投入资金和精力的话，他们就不会在一整天的调解中故作姿态地摆摆样子了。”

如果我们确实在一整天的调解结束之后没有促成当事人达成一致的情况怎么办呢？在这样的情况下，我会这样说：“我希望还有机会能就这个案件为你们进行调解，下次我们一定会解决问题，而且我不再收取你们任何费用。”我会持续跟进这个争议案件的发展进程，在必要的时候致电询问或者重新召集当事人再次进行调解，直到这个争议案件最终得到妥善的解决。所有客户对此都会心存感激，而这也造就了我的口碑。

电梯里的肺腑之言

常常让我震惊的是，许多当事人虽然对调解理论并不了解，但他们结束调解走入电梯时总会感慨连连，许多肺腑之言却又像是从调解教材之中直接引用的内容。事实上，我真的在意见反馈表中专设一栏，请代理律师将当事人这些“电梯里的肺腑之言”记录下来！

——杰夫·夏普

分享案源的实质其实是种相互提携

一位我熟识多年的律师安这样说道：“我非常感谢你推荐杰克作为上个月劳动争议案件的调解人。当你说调解日程表已满时，我都不知道该怎么办了。我相信通过你的调解服务，各方能够平和地谈判并寻求一个公平的结果。让我们面对一个陌生面孔，并参加他的调解，让我惴惴不安。不过，他非常棒！很快地赢得了大家的信任，就连原告代理律师也赞赏有加。”

“那可真是一件好事！”我回答道，并衷心这么认为。

她微笑地继续说道：“别担心，你仍然是我们的第一选择。”

我很高兴知道自己仍然有这么一个牢固的拥趸，但我对杰克的推荐获得赞赏也同样欣慰。如果你的调解事业顺风顺水，那么一个调解日程表必定难以容纳所有的调解“订单”，拒绝一部分当事人的申请也在所难免。这样的理想情况下，你也应该有足够的信心将当事人的调解“订单”推荐到适合的调解人那里去，不必过于担心案源的分流。

合作共赢是调解的本质，更何况你引导至其他优秀调解人的案源最终会给你带来更多的案源，这其实是投桃报李的过程。不过这里需要申明两点。第一，你所推荐的调解人也与你一样认同合作共赢。如果你所推荐的调解人本身属于那种自视甚高，并认为肥水不流外人田的人，那么把案源推荐给他无疑是自断生路；第二，你所推荐的调解人应该和你一样能够解决这个案件。一定不能推荐一个无法解决争议的调解人。你应确保接受推荐的调解人也愿意接受同样的挑战。若他们不能成功化解争议，那么你也将成为当事人责难的对象。

与自己所信任的调解人之间互相推荐案件事实上会成为一种常态。每次我推荐其他的调解人，当事人基本都会接受。这个过程和将案源转化为案头工作的过程一样，需要基于当事人对我的信任。而我所推荐的调解人也会不假思索地为我推荐其他的案件。

平常心对待拒绝

在上一个例子中，当律师朋友说到我仍然是“首选”时，我知道这毕竟是恭维，也不会因此而得意忘形。我知道在调解这样一个特殊的行业中，无论怎样努力，不可能真的让所有人都将我视为首选。我所获得的每一个调解案件背后一定错过了至少十个调解案件。调解人之所以获得一个调解案件，正是因为他错过了其他的调解案件，在这个行业中，这是必须明了的事实。每一次你获得新案件就像上一次的优胜者需要卫冕，人们通常会抱着验证般的挑剔眼光去审视你，看你是否值得优胜者的名号。

如果想要有所建树，那么你必须能够接受与某些案件擦肩而过的事实，甚至为此感恩。如果不得不被拒绝，你需要这样看待：这意味着至少有信任你的客户曾试图为你宣传营销。虽然错过一个案件，但量变终究会引起质变，你终究会在调解市场站稳脚跟。我现在时常遇到一些新朋友，他们口中常常这样评论“噢，总是有人跟我提起你的名字”。

错过一些案件并不意味着失败。或许你已经成为了许多律师选择调解人时最靠前的三个人选，但别忘了还有另外两个调解人的名字和你的名字放在一起。选择调解人并非自己就能够左右，这需要时机和际遇。或许某个潜在客户仅仅是在作出决定的那一刻更倾向于另外两个调解人之一而已。

匠心不负流年

在许多领域的调解中，比你擅长调解什么争议更为重要的一点是人们认为你更善于处理什么争议？这是一种很主观、高度个性化的专业服务。或许你可能觉得自己在某一次调解中十分成功，但当事人事后对你的评论可能南辕北辙。除了调解过程中润物细无声的服务，调解人的特质很难被人们记住。人们因为遇到了麻烦才会登门造访。当争议得以解决，人们往往会将与争议有关的一切归为“过去”、慢慢遗忘，这是人性使然。希望投身调解工作的人就不应该追求“备受尊敬”、“获得嘉奖”，或是“享誉天下”的虚荣。从事这份职业是一份匠心使然，至高的回报是淬火百炼后更好的自己。

——特蕾西・艾伦

心怀感恩才可以让你我走得更远

如果在调解中你表现出一副指点江山的态度，似乎你的调解就是让客户占便宜，让他们可以避免在诉讼中浪费时间和金钱的话，那么就不要指望这位客户成为“回头客”。无论你如何成功，丧失了对客户群体的尊重和感激都会让这种成功成为无水之源。

我仅仅是通过鼓励当事人彼此致歉或者在尴尬的僵局中互致谢意的方式成功调解的“大案子”数不胜数。而这其中的原理在处理我们和客户的关系时同样适用。

这就像用面包渍水，重量会随之增加数倍一样。你若对律师或者对当事人的选定心存感激，那么他们必然会再次登门拜访。

加里・弗朗说道：“成功的调解人会在意……他们在意所有当事人的感受，并且能够尊重当事人在调解过程中做出每一个决定的艰辛。有许多调解人专业过硬、调解技能优秀、调解风格各异，但这些只是入场券而已。感激，对当事人真心的感激和关怀才是调解人群体中优秀与普通的分水岭。”

罗伯特·詹克斯说道：“每次调解结束之后，我不会忘记向所有一同努力的人致以谢意：‘我非常荣幸 / 很高兴能够与你们合作’。这其实是在调解行业走向成功的一个重要细节。”

不仅第一印象很重要，绅士般的结尾同样能够让人印象深刻。调解本身的结果哪怕再好，当事人首次选择你作为调解人的基础是第一印象，持续不断地选择你则依赖于上一次结尾时给他们留下的印象。这就是为什么在调解结束之后说一声感谢值得所有调解人重视。

“当你在调解结束之际能够由衷说出‘很感谢让我与你一同面对这段人生经历 / 这个困窘的情况。我很高兴咱们今天完成的工作对你有所帮助、让你摆脱这个争议的困扰。’这样充满人性的话语也让你的宣传营销能够自然流露出来。你需要通过这种方式关怀所有人，这种关怀应该是发自内心的、能让人感觉到温度的。”罗伯特·A. 克里欧这样归纳道。

有的调解人会给参与调解的每一个人致电，也有的调解人是采取寄送致谢信的方式。方式本身可以足够灵活，重要的是当事人能够记住你诚挚的感情。于我而言，我每次都会给客户寄送一个极具个人特色的卡通版电子邮件、一种富有创造力的确认方式表达出对他们参与我调解服务的谢意。许多时候，我还会专门通过卡片或者电子邮件就某个当事人或者所有当事人在调解过程中表现出来的专业性致以敬意。最优秀的调解人已经将致谢作为了日常工作的一部分，这并非是走过场、求形式，这是他们衷心地为自己能够承担这样一份职责、能够获取体面的报酬而感恩！当你的工作能够让自己有如此的成就感，案源也不会远离，人们会不断地再次选择你作为调解人。

1. 津津乐道的调解轶事

当你置身市场竞争的角度，是否能够家喻户晓决定了一切，这当然也包括“噱头”。千万不要低估以一个有意思的视角解读自身故事的影响力。让每一个调解故事里的主人公都能够成为“赢家”，是你调解服务的价值让他们赞不绝口：你成功解决了他们的争议。撰写文章并通过演讲分享自己的调解经验，参与潜在客户群体的社团协会，并与能够帮助自己打开局面的人去分享你的观点。

2. 树立良好的第一印象

这个建议并非仅适用于初次约会，对调解人来说也非常重要。在调解行业里，我们宣传营销的就是自己。没有人会愿意花数小时的时间在调解会议中“对牛弹琴”，而往往与客户初次见面的一瞬间就足以决定他们参与调解的意愿。你无法知道是否能与下一个客户相互“看对眼”，所以需要时刻展现最好的自己和最专业的自身形象。

3. 律师群体对于调解人而言就是案源的看门人

除非在涉及政府部门公共政策的领域从事调解工作，否则调解人大部分的调解案源都来源于律师群体的引荐。律师群体就是调解服务进入争议解决市场的看门人，所以你真正的客户是代理律师，而不是他们代理的当事人。应竭尽所能地保证自己能够融入律师群体之中：参加他们的组织，阅读他们最新的文章，与他们成为真正的朋友。

4. 通过扩大自己的曝光度和增加联系频率建立客户关系

我们都希望与自己熟识、有共同价值观的人打交道。调解人和客户之间的关系也是如此！布道自己的价值观来与客户建立认同感——耐心回复电话咨询或是笑脸恭迎步入调解室的客户，你需要以实际行动和客户熟识起来。

5. 尽可能地为争议解决创造价值

在调解中，能否创造价值在于是否能为当事人在争议的“雷区”中提供可靠的指引。对自己的调解服务宣传营销，其实就是以自己的调解服务向挣扎在争议中的当事人施以援手。无论是当事人之间充满怨恨的争议还是复杂到看似不能解决的案件，还有那些对律师而言只有背水一战的争议案件，宣传营销的出发点都是一样的。只有当你以引领当事人走出争议迷雾为己任，并能不断以优质的调解服务解决实际问题时，你自然而然地为各方创造了争议解决的价值。宣传营销的不仅是自己，还有能够帮助客户解决问题的能力。

6. 记住调解的核心价值在于解决争议

诉讼如果是更好的争议解决选择，客户就不会找上门来。这意味着他们对调解服务的期待是你能够更妥善地解决问题——通过公允和友好的方式解决争议。但在此之前，你必须要能够将自己的调解服务营销出去，让他们选择你作为调解人。就如同一场惊心动魄的牌局，孤注一掷之前要明白自己愿意为了解决争议持之以恒地付出努力。当客户愿意为你的调解服务支付费用，你就应该兑现解决问题的承诺。在开始调解之前就要对争议的解决有所把握。

7. 欣然取舍并常怀感恩

错过一个调解案件并不足以自我否定。如果你无法欣然取舍，恐怕会一直患得患失！从内心坦然接受某些案件不适合自己的事实，并作出取舍。当成功调解一个争议案件时，要对当事人付出的努力和代理律师最初的引荐致以同样的谢意。诚挚地道一声“谢谢”是必须要做的，这也是让客户能够在下次需要调解服务时能够记得你的方式。或许这也能减少需要在案源之间取舍抉择的概率。

第伍课 CHAPTER 05

把调解还给市场

"许多人会说'我想成为一名调解人，所以我要参加调解培训'。

这很好，然后呢？

'嗯，然后当事人就会来找我进行调解。'

现实总是残酷的。在融入市场让人们了解你之前，这种想法只能是一厢情愿。或许你确实有'陈年佳酿'，但'巷子太深'恐怕也难以有人专程登门品味。"

——罗伯特·詹克斯

最为优秀的调解人知道他们的成就来之不易。所以每当这些顶尖的专业人士分享成功的经历时，许多人都会不经意间将自己的成就归结于有一个好运气。

本内特·皮克尔说道："简而言之，我认为自己足够幸运。我曾经是一个中等规模律所的主任，也担任过有15000名会员的费城律师协会的会长，并且担任了许多其他的民商事或专业组织的负责人。我经常在自己的执业领域撰写文章并进行讲演。这些都让我为更多的人所熟识，并在自己的专业领域和社区中成为权威、赢得尊重，而这些都发生在我投身调解事业之前，为我打开了市场。"

保罗·莫妮卡蒂也表达过同样的感受，他说："我很幸运。我有幸在调解行业发展的初期就进入这个行当。我只是在恰当的时间出现在了恰当的位置而已。实际上我并没有做太多的宣传推广和市场营销工作。"

而我也一样在无数场合表示自己只是生逢其时而已。我在这个颇具潜力的行业尚处于萌芽阶段时就迈入了门槛。不过无论是幸运，还是过往在调解会议室以及单方会谈时的成功都不能取代融入市场的宣传营销工作，我们需要保持自己的曝光度。这需要我们尽力在所有客户和潜在客户能够看到的地方出现，无论是挂名赞助还是身临现场，需要让客户看到我们、要发出自己的声音、并创造与当事人熟识的机会。"调解天赋+成功案例+幸运眷顾=成功的调解事业"这个方程式并非一成不变，尤其在今天，调解行业已经人满为患。在诸如洛杉矶、多伦多、德克萨斯州、佛罗里达州和其他一些地区，方程式里欠缺"有效的宣传营销策略"就无异于增加通往巅峰的难度。

贝纳德·迈耶简明扼要地归纳了他的宣传营销策略："持续跟进、参加培训、善于询问、长于布道、勤于撰文，千万不能只会调解。"

本内特·皮克尔也认同这样的观点，他说："我常常告诉那些参加调解培训后就准备在调解领域大展拳脚的人，这个行业的宣传营销工作可不是蜻蜓点水就行。想要在这个行业里有所成就，你们必须对于宣传营销工作抱有同样的热忱，应该预见的是，宣传营销是需要耗费许多年的长期工程。不仅对你而言，对你的客户而言也是一样。"

皮克尔继续补充说道："宣传方式和营销策略的选择因人而异，但你必须选择符合自身特点的方式，并坚持下去。撰文？培训？教学？社交？广告推广？追随主流的方式？或者各取所长？或是其他的策略？其实，在这些不同的方式之中做出选择的依据是自身特点和知名程度，而且在不同的调解人群体之间也会各有侧重。但无论是何种方式都并非朝夕之功。冰冻三尺非一日之寒，你需要持之以恒才能有收获成功。"

来自密歇根州的特蕾西·艾伦的描述反映出宣传营销所需花费的时日："最初，我 15 年的律师从业经验成为了初入调解领域中宣传营销的基础资本。随后我花费了大量的时间和资源（至今仍然在持续投入）来树立自己在调解行业中的口碑。对，我将自己的时间都投入其中了。我不停地刊文出书、四处演讲、参加各种各样的交流活动、应邀举办讲座、参与志愿调解活动，诸如此类的努力花费了我数千小时的时间，我逐渐在多元化争议解决领域树立了一个博识多闻、经验丰富的争议解决服务提供者的形象，我从心底里融入了调解行业的市场之中。"

向潜在的客户群体阐述观点是值得投入大量时间的。想要有效地阐述自己的观点就意味着需要主动参与客户群体可能出现的活动，而且不能仅仅是"在现场"，如守株待兔般地枯坐在角落。我们需要有效地参与到这些活动和互动之中。米歇尔·奥布拉多维奇这样归纳道："我在所有的会议中出现，并试图提出自己的见解。我不会只是参加会后的酒宴然后埋头吃喝！"即便整晚的会议或者晚宴都只有一个人在聆听你的声音也值得认真对待，这个人或许就能决定你的调解职业生涯能走多远，或许在会谈结束之后他就会成为最为重要的客户。

宣传营销的周期特性

不同的争议案件工作类型也会呈现一定的周期特征。例如在加拿大，冬季严寒过后，当天气开始转暖，许多建筑工程项目就会开始破土动工。我们在三月前后总是会适时地向建筑工程领域的合作客户推送调解的相关信息。

在每年八月末也是面向律师事务所的宣传营销良机，因为这个时候大部分律师刚刚结束假期回到工作岗位。

——里克・拉塞尔

市场推广的蝴蝶效应

或许大多数人都听说过所谓的“蝴蝶效应”。这个概念起源于1962年爱德华・洛伦茨发表的一篇阐述混沌理论的文章——《巴西蝴蝶拍翅会在德克萨斯州引起龙卷风吗？》。其基本论点在于万事万物之间普遍存在内在极其精密的联系，或许是一个细节不经意的行为变化将会引发系列且无法预见的剧变。而我感到这样的理论的确适用于调解人的宣传营销之中：参加一次培训、应邀进行一次演讲，甚至是在机场候机时与旁人的一次闲聊，哪怕是这样一些微不足道的点滴努力都可能会带来意料之外的巨大收获。

很有意思的是，我不仅仅是在那些传统的宣传营销场合为自己布道，我还常年在高校坚持教学活动、经常接受演讲的邀请、频繁出席学术圈的会议加深与业界同仁的熟识度。我始终认为这些宣传营销活动也是身为调解人的乐趣之一。我喜欢不断认识各式各样的人、常常与这些新老朋友进行聚会并与所有人分享一些他们也同样感兴趣的调解经验和知识。我调解时与其说是在进行调解，不如说我也同样在向客户们布道。而且，这个兴趣爱好不仅有人埋单，而且会让新订单源源不断。这不是一件乐事吗？

源于对调解的热爱

基于对调解事业的热爱以及对调解程序的深度理解，我在自己调解生涯的早期就开始撰写专栏文章、参加演讲、培训，参与到其他专业人士的交流展示活动之中。有意思的是，我这些努力的初衷并非为自己的调解服务宣传营销，我只是很简单地希望能通过这样的方式从别人那里开阔视野，并能够与大家分享经验。我的确享受这种共同成长的乐趣。

——本内特 · 皮克尔

市场推广应主动出击

在阿瑟 · 高顿的《艺伎回忆录》中，女主人公在一个偶然的场合发生了这样一段具有转折意义的独白："我们的世界潮起潮落，并无恒常。无论是怎样的奋斗和成功，无论是何等的痛苦和磨砺，都会很快渗入浪涛中，就像水墨颜料泼洒在纸上。"我们的人生或许在命运车轮的转动中高低起伏。但与其等待未知的机遇来临，我更愿意主动出击。

这些话并不是指调解人必须盲目"撒网"，最终靠运气收成。罗伯特 · 詹克斯曾说过："如果你都无法定义自己的目标是什么，谈何努力达成目标？"我对此深表赞同。

在你起身前往不同场合试图在争议解决市场树立自己形象的时候，需要先默默地在心里想明白自己希望以怎样的形象示人，并量体裁衣选择适合自己的宣传营销路径去达成所愿。

物以类聚、人以群分

许多的调解人认为自己有足够的能力在所有的专业领域内有所建

树，并希望能调解不同领域案件中各式各样的专业问题。他们可以豪言壮语道："我能够调解所有争议！"不可否认的是，涉猎广泛确实是通向成功的要素之一，但如果你都无法定位自己的执业领域，又上哪儿去确定客户群体呢？这样的表述实际上容易被人们贴上"毫无特色的大多数"这样的标签。虽然听起来有一些与常识相悖，但你必须缩小专精的范围，在真正的客户群体前以真正的专家形象出现。唯此，你才能占据属于自己的执业领域，并能够源源不断地对这个领域产生影响力。

不妨想一想这个谚语：物以类聚、人以群分。如果同时用鸵鸟、鸭子、知更鸟、火烈鸟的羽毛装扮鸟儿，这样的羽毛混搭风格真的能够吸引前述任何一只雌鸟吗？

当你打算确定自己执业领域的时候，别忘了从自己熟悉的领域开始。就像加里·弗朗说的那样："要扬长避短。如果你之前是律师职业背景，那么在法律相关的领域开展调解就是如鱼得水。如果你之前的职业经历侧重于人力资源管理，那么与组织架构相关的领域更加适合你起步。拓展自己的执业领域前，应先去参加足够的专业培训并积累一定的行业经验。"

其实道理很简单，你希望自己有什么样的客户就先让自己在他们的视野内找到切入点和落脚点。你需要学习客户，从某个领域内有知名度的、与行业密切相关的群体、行业协会、行业期刊着手进行宣传营销。你也可以经常与那些虽然不直接使用调解服务，但能够把控业内动态并决定案件走向的人建立联系。来自达拉斯的调解人杰夫·艾布拉姆斯这样描述他的策略："我们经常撰写专业文章，也会在不同场合做很多公开的演讲，有时是在客户的午餐研讨会中、有时在专门的认证学时培训上。虽然我个人已经不再代理诉讼案件了，但我相信在相关法院的法官和代理律师群体中保持一定曝光率也是相当重要的。"

你能够找到许多潜在客户群体会参与的研讨会和行业协会活动。举例来说，公司法务协会（Associations of Corporate Council, ACC）会将一些案件引导至一些大型律师事务所进行处理。如果这些协会的会员单位知道你，并信任你，他们便会影响具体案件代理律师的诉讼策略，让你的调解服务有可能成为备选之一。我的许多调解案件经常是通过私下里并不认识的代理律师引荐而来，他们选择我的原因是因为当事人的总法律顾问认识并推荐我作为调解人。

如果你有兴趣参与到一些集体诉讼的调解之中，那么每年在拉斯维加斯都会举办一个由常年活跃在集体诉讼和集合侵权领域的律师们的研讨会。只需要花费 200 美元到 300 美元就能参加这些会议活动，并直接接触到手握一线案源的代理律师。我多么希望自己有时间能够每年都参加所有这些活动啊！

类似的机会还有很多：包括一些专注于特定领域索赔事项的协会，诸如风控保险社团（Risk and Insurance Management Society, RIMS）、风控专员协会，也有类似人力资源职业学会（Professionals in Human Resources Association, PIHRA）这类专注于人力资源争议的组织。这些

打开市场的大门

在我的眼里，调解是广义的。调解并不局限于某一两个方面的事务，不能说只有人身损害赔偿争议或者医疗事故争议的调解才叫调解。这种界限只关乎于自身兴趣和能力的边界。我在调解之前必须解决两个问题，在我们帮助当事人解决问题的时候创造了什么价值？中立第三方在他们的争议解决中真正的价值是什么？弄清楚这两个问题之后我才会开始拓展这个领域的调解业务。如今，我不仅调解人身损害赔偿争议和合同争议，我的业务范围还包括了家事争议、合伙争议、产品质量责任争议、风投金融争议、工会管理争议，等等。这样做对我开拓市场助益颇多。

——加里・弗朗

行业协会和组织往往有相当的影响力，直接关系到某些具体争议案件究竟流向哪一家劳动争议解决律师事务所或哪一个代理律师。当然你无法深度参与到所有的活动之中，但这并不代表你不可以广泛涉猎，在这些组织和活动之中为自己找到演讲机会并非难事。找到适合自己的宣传营销策略，花一些时间做好研究准备工作，并通过在这些活动中的交流展示机会确定两到三个可以联络到相关案件的组织。这样一来，在争议案件真正发生并流向相关律师那里之前，你已经为自己的调解服务预留了发挥的空间。这些行业协会和组织才是你调解业务的案源所在。

□ 打个电话、发个短信

人们头脑中浮现的第一个人往往是最近一个与他（她）有交谈的人，这在心理学上被称为近因效应。所以应该经常与客户群体电话沟通并回访，打电话给那些你想要拓展案源的客户群体也不失为一种有效的策略。这些电话有时就能够让你成为他们遇到争议时最先想到的那个人。

理查德·韦勒就有这样的感受，他说："很多时候我都会使用所谓的'调解预定提醒'方式去联络客户。我会给通讯录中的律师朋友群发一封邮件，告诉他们在未来两周内我还有尚未排满的调解日程，这样会让他们始终掌握我的调解动态，案源也总是从中而来。"当然，这样的方式未必适合所有的调解人，或许对于你来说，简单一个电话问候："最近如何？"便能有所斩获。

要有整理自己通讯录的习惯。韦勒补充说道："你应该经常更新曾经参与过调解的代理律师的联系方式。与他们保持联系就保证了顺利地拓展调解业务。我有超过2000个律师的联系方式，我和他们其中一些人保持每个月的联系、稍微疏远的也需要保持每年的联系。没有比这个通讯录更有价值的业务资产了。"

杰夫·艾布拉姆斯也说道："对你名字的熟悉程度和你的口碑是最

重要的，而这背后是大量的沟通工作。我与自己通讯录里的联系人经常会互相寄送问候的卡片，并且寄送这些卡片的时候，我们都试图在形式和内容上表现出一定的创造力。客户有时会期待收到这样的问候卡片，甚至常常有客户将这些卡片放在办公室里作为展示。我们的调解服务希望能够让客户感觉舒心，当然也希望他们在看到这些卡片时感受到同样的愉悦，这样他们才能记住我们的调解服务。”

来自多伦多的里克·拉塞尔说道：“我也经常做这样的客户联络工作。如果看到自己的调解日程表还有空缺，我会拿起电话与通讯录里的联系人打电话询问‘最近如何？很感谢当时我们一起处理某个调解案件的时候你们给予的支持，这个案件最近是否有更新的进展？’沟通时，我可以顺便看一看当时的案卷，具体看看在哪些领域我们有合作的可能，并持续跟进那些已经调解的争议动态，看看在调解后是否有变化和进展，看看是否有机会再跟进一些新的业务。这些工作都是开诚布公的，人们并不反感。当然未必每一个电话都能立刻转化为实际案头的工作，但通话之后的一两个月里往往就能见到成效。这些努力都是为了让你能够在客户群体里保持存在感，如果你与客户之间超过六个月没有进行联系，你也几乎已经从他们的通讯录中消失了。”

有效的宣传营销路径

我用于宣传营销的时间有限，也没有专门建立宣传营销团队。我会对之前的客户需求进行深度挖掘，相比从未谋面的新客户，老客户对我的熟识度就是业务拓展的基础。对调解过的每一个案件我都保持关注，所有调解的点滴我都记录在案。事后在联系老客户的时候，原来合作过的调解案件就会打开话匣。能获得新的案源当然最好，即便不是马上，一般三十天之内也会有新的案件从老客户那里出现。这算是一个相当有效的宣传营销路径！

——里克·拉塞尔

公开演讲的策略一二

苏珊·哈默是公开演讲策略的坚定拥护者，她说：“每个群体都期望能够找到合适的演讲者，不要错过任何一个能够公开表达观点的机会。”事实也确实如此，只要你愿意，就一定能找到适合的公开演讲机会。但机会总是垂青有准备的人，在决定走上演讲台之前，应该先了解听众的兴趣所在，并就相应的演讲主题充分准备。

了解你的听众

在演讲中做到有的放矢是非常重要的，而我在这方面有过深刻的教训。许多年前，知识产权律师学会曾经邀请我在一个研讨会上演讲，我欣然应邀。随后我在研讨会上就调解的问题做了一个不错的发言，但会后听众却反应平平。随后，我再次遇到与会的律师时，他们已经对我毫无印象了。现在回头来看，个中缘由非常明显：“我的确应邀就调解这个主题进行了介绍，这也是邀请的本意。但是整个演讲却并没有和他们所关注的知识产权问题联系起来。”

人们总是习惯和有着相同世界观，并处于相同话语体系中的人打交道。虽然事后诸葛亮，但我现在能够明白，如果当时能够融入他们的话语体系，哪怕只是在发言中表现出我对知识产权问题的关注，或者提及他们曾经关注的领域和事件，并自然而然地说出“噢，顺便一提的是，类似的知识产权案件也曾经有过调解先例”这样的话语，恐怕这样的发言就自然会与听众的关注点结合起来，他们也必然会接纳其中的内容并对我留下印象。更为重要的是，如果我当时对知识产权领域有所了解的话，就完全可以了解他们在争议之中的担忧和顾虑——究竟在处理一个知识产权争议的时候，律师们需要面对和认真对待的问题是什么？如果对这个问题有充分的了解，我相信我的发言就能有的放矢，甚至值得让听众在会议结束后仍然回味无穷。唯有如此，我才能让听众们知道，我可以在他们遇到具体问题时提供帮助。

不过就这个事例而言，我失败了。因为当时的我并没有融入听众的话语体系。听众对我的印象大概会是这样："对，我记得他做过一个不错的发言，但……他的名字叫什么来着？"我并没有给他们留下任何深刻的印象。所以仅仅是在这样的场合混个脸熟并没有意义，实际上会浪费掉这一次宝贵的宣传营销机会。

埃里克·高尔顿也提供了他的见解："我很幸运，能够成为这个领域首先吃螃蟹的几个人。但我知道人无远虑必有近忧。在投身调解事业的头两年，我就在 35 个州律师协会举办的认证学时培训中进行了演讲，而且都是直接回应律师群体关心的问题。我当时的目标就是让自己在州际范围，乃至全国范围内有一定的市场基础，而不仅仅限于奥斯汀地区。我也做了很多公益性质的活动，其中一些是非常知名的公益志愿项目，当然我也在许多律师事务所直接面对客户宣扬自己的调解理念。仅仅是面对业界同行演讲或许有助于提升自己的业界形象，并扩展人脉，但真正带来案源的还是直接面对客户群体的演讲。"

提供有价值的演讲

我演讲的准则就是尽量控制在一个小时以内。演讲的作用是抛砖引玉，如果听众有具体的问题或是遇到具体的困境需要深入了解的话，他们会私下继续与我保持联系。我的演讲需要给听众提供价值，但是仅仅限于给听众搭建一个基本的框架和范例，帮助他们换一种角度理解争议。一个小时虽不足以让客户为你的调解服务埋单，但当你的演讲内容能够提供价值时，他们也会开始愿意再次与你打交道。

——加里·弗朗

□ 引导听众的注意

无论在什么样的演讲场合，都应该如同调解主持谈判一样，时刻把控住听众的注意力。应确保自己能够有单独发言的机会，而不仅仅是通过几个专家交互讨论的方式进行演讲。律师群体尤其喜欢在许多午餐会中进行交流，并从中获取社交资源。如果你的观点有足够的吸引力，所有人都会将注意力集中在你身上。（基于这样的考虑，我并不建议调解人进行宣传营销时参与到一些小组或专家组的讨论之中。不会有人同时选择很多人作为调解人，而专家组的形式也很难直接对案源拓展有所帮助——这种形式下很可能你贡献了观点，却不能从中获取你想要的宣传营销效果。）

一旦站在聚光灯下，你应确保自己的发言能够与听众产生互动，并以此把控住他们的注意。互动式的演讲能让你更好地将自己展现在听众的面前，并由此建立认同感。演讲中设计一些听众们在处理具体争议时可能会担心和焦虑的内容，并自然地融合到发言之中。对于调解人而言，这恐怕是最有效的一种演讲方式。

几乎所有的演讲我都是从互动开始，从不会一开始就照本宣科。我通常以这样的方式开场："在进入今天的主题之前，我希望能了解你们对于这个主题的认识是什么？你们觉得应该在哪些方面有所侧重？你们对这个主题感兴趣的是什么？你们今天希望听到的是什么？"随后通常会花一些时间将这些问题和听众的回复写在一块白板上。我在开始演讲前已经做了充分的准备、发言原本就会包含这些内容、我也足够了解听众的兴趣所在并对演讲主题早有设计，互动的结果其实很少超出我的预期，但事实上这种互动本身就是演讲最有意思的地方，我通过这种方式在开场就抓住听众的注意力，让他们感到接下来并非自说自话的演讲。这种互动能让接下来的演讲内容产生双向交流的效果，并让我能更好地对症下药。

如果这样的方式你能够认同，它们确实有效。基本原理其实与调解一样，尽量让当事人说话，调解人更多的是作为倾听者，借助客观立场和你的知识为当事人找出他们真正的需求和有效的争议解决方案，并通过你的协助帮助当事人达成一致。一定要牢记苏珊·哈默的忠告：“尽量灵活地使用 PPT，千万不要对听众照本宣科！”

参与调解组织利弊谈

理查德·韦勒提出过这样的观点：“如果你干的还不错，那么你更有义务为这个行业做出一些贡献。所以，我自然而然地活跃在一些主流的争议解决机构里。这让我能够了解到其他调解人的动态，也能间或找到一些灵感。”

所有对这本书贡献了观点的优秀调解人都会在简历上浓墨重彩地用很多调解机构的头衔装饰自己的调解执业经历。其中许多人还担任这些调解组织的主任、理事长、委员会委员；或为这些调解机构撰写过书籍、制定过守则和规则；或在相关的法官和律师群体里做过讲座。简言之，他们几乎都努力在帮助其他人规划他们的调解职业并作出指导，并乐于无偿贡献他们的时间，志愿地帮助这些调解机构扩展他们的专业影响力。这是因为他们乐在其中。我花一整天的时间去做调解工作远比我去做一个学期的教学赚到的钱多，但我仍然参与教学是因为对调解事业有极高的热情。

不过，凡事不能过度。琐事杂事太多反而会成为放松调解业务的借口。过度参与调解机构的日常事务或疏于调解业务本身都会打乱你的职业发展安排。回馈自己的社区或者业界同仁当然很重要，但是千万不要陷入“因为无案可调才到处参会”的状态。

你需要充分利用好有限的时间。能够和不同的人聚会当然也是一件有益的事情，但是如果这些交流活动过于行政化，或者因为你的介入会变得过于失衡甚至产生矛盾，显然就失去了参加的意义。几年前，我曾经兼任了几个调解机构的主席，但我最终意识到这样的行政职位并不适合我。我喜欢与不同的人交往，但我未必善于作为会议的主持；我喜欢采取行动，但却对管理措施并不在行。现在如果有机会能够作为顾问贡献自己的知识，我会欣然接受这样的工作。如果某项工作能够对整个调解行业的发展和所有调解人有所裨益，我也会投身其中。事实上，本书提到的每一个调解人，他们都自发地在为整个行业的发展做出贡献，但

开发客户资源

当我刚入行时，在家事领域就没有私人调解服务。我想找到自己的客户群体，并希望能够用自己的调解服务赢得他们的信任。我试遍了所有方法，包括挨个查询黄页电话，最终圈定了五六十个律师、儿童心理咨询师、会计、医生。这些人都在家事离婚争议案件中起到或多或少的作用。可不能冒昧和盲目地去进行宣传营销，我决定瞄准这个领域最有价值的客户群体，拨通电话并向他们说道：“我提供婚姻争议案件的调解服务。我希望能够约时间与您沟通彼此工作的内容，我的调解服务与您的工作之间能够取长补短。在婚姻争议案件之中，我们共同的服务能够成为当事人解决问题的新选择。”随后我将这些客户群体进行筛选，选择那些执业领域确实与调解相关的人员进行深入交流。言语之中我开诚布公地告诉他们自己的合作意愿。遮遮掩掩反而显得不够真诚。

很快，我这套宣传营销策略形成了固定的模式：我会邀请他们，并说道：“我希望咱们可以一起吃个便饭，熟悉彼此业务内容，看看是否能够取长补短。”交谈大概四十五分钟后，我可以进一步说道：“咱们开展合作之前你需要了解一下我的调解服务模式，容我简单介绍两句。”接下来花十五分钟的时间介绍一些关于调解程序的知识，并顺手递给他们一本宣传册，说道：“咱们保持联络。”

——尼娜·梅尔丁

他们大多数人或多或少都没有更多的时间和倾向再担任调解机构的行政领导职务了。

要加入什么样的调解组织之中？谁是你面对的听众？具体的调解组织和调解人团体是因地制宜的，在这些组织团体之中担任职务当然没有问题。但如果你希望能在调解行业里走上巅峰，恐怕就会发现自己并没有足够的时间涉足具体机构运营的事务。你面对的最终还是那些吸引你的案源，和这些案源的看门人，而你需要将主要的时间和精力放在这方面的交往和沟通之中。

创建良好用户体验感

我非常赞同的一点是：除了诸如杰夫和赫姗·艾布拉姆斯的书面宣传活动这类极少数的例外，制作纸质的宣传材料纯粹浪费时间和金钱。如果你还在计划花钱制作一些宣传册，我觉得可以取消这样的计划了。在互联网时代，有自己互联网的信息源才是根本。拉尔夫·威廉斯直截了当地指出这点，他说："有一半以上的律师协会成员都在 35 岁以下，他们希望看到的是一个网页、电子邮件更新，平均每三条信息中会有一条信息被打开并详细地阅读。如果没有自己的网页，或许会被贴上老古董的标签。这会影响我在业界的声誉。今天，有一个网页已经算不上标新立异的举动了。你需要建立网页，是因为这已经成了人们普遍的预期之一。"

里克·拉塞尔补充说道："我们的网页很好地反映了我们工作的领域。很多时候当事人都习惯通过这种方式来了解我们的专业背景和经历。通过网页的信息能够很容易地获取第一通咨询电话。将案源转化为案头工作的沟通也可以通过这种方式完成。"

这个时代，人们想要了解更多关于你的信息时，第一选择就是诉诸网络。如果他们在网络上找不到想要的信息，可能后面的进程也就戛然而止了。杰夫·嵇查文说道："我竭尽所能地推广我的网页，这已经是当下人们交往的一部分了。如果有一个律师向另一个律师提到‘这三个调解人还不错’的时候，那么下一秒另一个律师便会打开网络搜索关于这三位调解人的信息。所以在这个时代，建立一个专业、一流的网页是至关重要的，不仅在调解行业如此，在任何行业都一样。”

甚至在地球的另一端，来自新西兰的调解人杰夫·夏普也对此表示赞同，他说：“在我们当地，有一个像样的网页是很有意义的。通过这种方式，能让客户群体很快了解到调解服务的具体细节、合乎规则的调解协议、关于调解人的个人简历等信息。我在应答许多咨询电话时，甚至是在调解过程之中，都会通过网页上的信息为客户提供指引。我无法等到结束手头工作回到办公室后再将资料整理并邮寄给他们。”

从本质上来看，我希望能够通过网页将关于自己的信息以最便捷的方式向客户群体展示出来。所以网页包含了我的个人简历、名片信息和其他重要的信息。不过我并不打算在网页填充过多的“终端信息”。为什么呢？因为互联网上有许多其他网页也会不断地更新新闻、学术观点、时事要闻等信息，而我没有办法做得更好。如果你想要有一个包含此类“终端信息”的网页，恐怕会为此忙得焦头烂额。我在自己的网页中上传了一些有用的信息和不错的文章，但绝大多数都是留档备查的信息。

当人们想要了解你这个调解人的时候，他们只需要知道最基本的几个信息：你是谁？你曾经处理过什么样的调解案件？你的日程安排和费率？而这些内容需要放在他们第一眼就能看到的位置。如果他们想要进一步地了解你，那么可以查阅已经公开的、近期处理的调解案件，也可以翻阅你撰写的文章。如果他们想要更多地了解调解本身，那么可以设置一些超链接将他们导向更为有价值的网页。

理想的网页还需要富有创造力、简洁明了、层次分明、信息清楚，并且包含有关于你的基本信息：你的学术背景、联系方式、调解方式，还有你发表的一些文章或者受邀采访的一些视频短片。我个人倾向于让人们能够很快熟悉我的模样，并能够查阅到一些关于我的正面评论。这足以让他们拨通我的电话了。如果他们未必需要立刻预约我的日程，也将有机会再进一步浏览并翻阅我发表的一些文章。这样的网页未必需要重金打造，但必须能够体现个人的风格，并尽可能简洁和便于查阅，否则容易将人们直接拒之门外。

我设计自己网页的初衷就是希望给浏览者留下一些疑问，让他们产生打电话与我深入交流的意愿。过多繁杂的信息容易让人们眼花缭乱，并打消他们的好奇心。如果浏览的人觉得他们已经足够了解你的话，为什么还需要拨通你的电话呢？我希望自己的网页能够作为与当事人之间建立更多联系的起点而不是终点。

相较之下，也有许多调解人的网页塞满了信息，而且这似乎也不妨碍他们事业的发展。罗伯特・A. 克里欧就从载满丰富信息的网页中获益良多，他说："有更多的信息总不会有错，让人们能够更方便地了解你更多的信息是最好的。"个人立场上来说，我只是觉得要想维持网页丰富的信息要耗费太多的精力了！如果你擅长互联网技术，也愿意为此投入时间，那么有这样的网页也不失为一种宣传营销的方式。

最便捷的查询方式

如果你的老板安排你说："给我拿出一份五位调解人的备选名单。"那么你的最优选择一定是最为便捷的查询方式：通过互联网查询相关信息。如果在互联网上找到了十位调解人，其中有五位调解人的信息可以直接下载并打印出来的话，你当然就会把这五人作为备选名单人选。如果某个网页仅仅是单层页面设置，你当然不会因为上面写了"请来电咨询"便会有拨通电话的冲动。所以我的在网页设计中采取的宣传营销策略就是尽可能地为用户着想。

调解人如果不能利用互联网手段进行宣传营销就等于失去了竞争优势。这不是危言耸听，这就是互联网的时代。

——罗伯特・A. 克里欧

克里欧是通过互联网进行宣传营销的行家里手，他说道："我建立了一个侧重于文摘的网页，上面有很多信息。我认为互联网本身就是信息集散地，所以不存在过于唐突的问题。如果正在考虑调解人的人选，客户可能未必愿意直接通过电话进行咨询。这种咨询中，调解人大部分时候都是在'王婆卖瓜'。而通过互联网，客户可以打开网页，下载一些需要的信息而不必遭受营销的困扰。我认为这是比一开始就通过电话咨询更为有价值的信息获取方式。"

他还指出："现在律师事务所的主办律师很少自己直接就调解人人选问题作出决定，他们往往都让自己的律师助理或秘书去查询相关调解人的信息和背景。这些年轻人更愿意使用的查询方式就是互联网。他们宁愿发一封电子邮件也未必乐意拨通你的电话。这一代人习惯了通过电脑屏幕来获取信息，他们更习惯通过网络查询的方式来进行调研，而非采取老掉牙的电话访谈方式。"

杰夫·艾布拉姆斯还说道："我更乐意让人们通过网页来了解我们更全面的信息。我也会邀请一些律师和当事人对我的调解服务作出评论。如果他们曾经在我的培训或者调解之中有过不错的经历，我还会邀请他们为此写下一段能够摘录在网页上的文字。这样的方式有助于我们树立自己的口碑。"

服务从网页开始

近年来我们在网页的运营维护上投入的资金远超过竞争对手。在那之前，我们会邮寄大量的报价和宣传资料。每一份资料的邮寄大约花费 10 美元。但现在网页可以包含所有的报价和宣传信息，人们可以用自己的纸张打印出来，哪怕是正在和你交谈的时候也可以。当然他们也可以先来找你咨询，如果感觉不错的话马上就可以浏览你的网页获取更多的信息。我们的调解服务从网页就开始了！

——里克·拉塞尔

那么你的网页是否能带来更多的案源呢？许多调解人，包括在这个行当中数一数二的调解人都在网页的搭建上下了功夫，这本身就能够说明：一个有新意的互联网信息源有助于业务的增长。我或许也能说出一些反面事例，但是我相信优秀的调解人之所以成功，并非最终取决于他们的网页如何，而是取决于他们持续的口碑和在业界的广泛人脉，还有他们留下那些为人称道的事例。一个不错的网页当然会为你加分，但是不要为其所累，花费过多的时间精力去做网站的运营维护。别忘了宣传营销目的是融入这个市场！

互联网有效推广价值

我们这些十五年前甚至更久以前就投身调解事业的人大多都还能记得当初的电子邮件是指黑色屏幕上巨大的绿色发光字体。时过境迁，电子邮件的及时性和重要性在当下都是毋庸赘言的。我们通过电子邮件安排日程、与业界同仁保持联络、持续跟进相关的争议案件，也会在调解结束之后用于表达对于当事人的感谢。相应地，在各种场合收集客户群体电子邮件地址的重要性也就不言而喻了。你可以通过电子邮件的方式发送时事通讯、问候与致谢，或者进行深入的联系。

回复电子邮件俨然也就成为了调解人日常工作的一部分。罗伯特·A.克里欧说道："显然，这些调解人的翘楚每天打开电脑的第一件事和关机前的最后一件事都是查阅并回复电子邮件。你不可能坐在电脑前随时等待弹出的小框，然后立刻进行回复。"

避免手机综合征

如今很多调解人都会用一部黑莓手机或者一部奔迈手机来处理日常

邮件。当然，及时回复邮件是非常重要的，但一定要避免我所谓的手机病——当面对面与当事人进行交流时仍然不时掏出手机来查看。

我认为调解本身是极具专业化的工作，就像医生为病人诊疗。你见过有哪个医生一边诊疗一边玩手机的吗？不可能！如果你不停地在查看手机、查看邮件，或者你的电子设备不停地在震动，那么就不要指望能在这个时间段里与当事人有效地进行交流。我的规矩是在与客户群体进行会谈或一同工作的时候，就不要携带手机，将手头的事情处理完毕之后再去查看这些电子邮件。记得也不要带着蓝牙耳机出现在与当事人的会谈之中，这种交流需要你全神贯注。

□ 发送时事通讯

虽然垃圾邮件过滤系统有时会妨碍我们大量地群发邮件，但通过电子邮件发送的时事通讯早已成功取代了纸质版的信息传播方式。在今天，即便是那些不愿意使用电脑的调解人也开始越来越多地使用电子邮件了，有时还会很有创意。里克·拉塞尔会这样来发送他的电子邮件，他介绍道："如果在调解结束后当事人感觉不错，我在接下来的几天之内用电子邮件发送一封致谢信，并且会同时附上我最新的简历。希望他们能够保留这封邮件，在需要时可以直接向他们所熟识的人转发这封邮件，以便及时为需要调解服务的客户提供一个不错的选择。当事人只需要点击一下转发键而已。这样微小的行为比我自己做很多宣传营销来得更有效。"

现在许多人的邮件系统都会设置垃圾邮件过滤功能。在时事通讯的电子邮件标题处注明自己的名字，可以让收件人更方便地进行邮件分类。在发送这类时事通讯时，你应该确保其中的内容对于收件人来说是有价值的，而不是那种泛泛而谈的营销广告。并且在点击发送按钮之前，应该征得收件人的同意。要永远保证客户选择的权利——在将对方的电子邮件地址列入收件人名单之前，应询问对方是否愿意接受并了解你的事业进展。

有许多优秀的调解人经常都会向通讯录中的联系人发送电子邮件版的时事通讯。米歇尔·奥布拉多维奇分享了她的经验，她说："我会在皮质笔记本中记录下每一个新朋友的名字，以及遇到他们的场合、时间，还有最为重要的是他们的专业兴趣。我会询问他们是否订阅了类似的时事通讯或者愿意接受类似的电子邮件。如果有机会的话，也会询问他们是否愿意订阅我的时事通讯。如果顺利，我通常会在下一期时事通讯编辑发送之前将他们列入收件人名单。有时我也会就他们关注的领域一些有意思的事件发送自己的评论，并期望能有所帮助。"

她继续解释道："我的时事通讯是每月一期。假设某天没有调解安排，我会一次写四篇文章，然后将这些文章发送给通讯录里的联系人——大约每个月 5000 人次，其中还包括了一些风控人员、商业人员、财务人员，只要是有过交集，我都尽力保持联系。所以，我的写作风格也尽可能的通俗易懂，每个月也都会收到一些反馈。我觉得大概每一封时事通讯最后平均会带来 15 件调解案件。"

"每日精选"

"我们不能用制造问题时的同一水平思维来解决问题"

——阿尔伯特·爱因斯坦

能用一些什么方式避免让自己的电子邮件成为不受欢迎的邮件？我在每一份邮件底部都会设置一个小提示框，我称之为"每日精选"。每天我都会在里面引用一些热点事件，并附上简要评论。日复一日，每天都会更新。在"每日精选"下方，我都会附上原文链接，以便感兴趣的人在我的网页上阅读原文。

——罗伯特·A. 克里欧

里克·拉塞尔对电子邮件版时事通讯的便利性更是充满热情，他说道：“你实际上可以写一篇时事通讯，然后通过复制粘贴将它拆分为两到三个不同的版本，其中一个版本发送给商事领域的调解客户，一个版本发送给职场争议类的调解客户，一个版本发送给公司类的调解客户，还有一个版本发送给那些可能只是需要简单帮助的当事人。这样一来你可获取较高的投入产出比。”

拉尔夫·威廉斯在编辑时事通讯方面非常在行，每次的电子邮件中他都会附上一个简要的争议解决小贴士。他说道：“在通讯录里的联系人大多是我的客户，是与我调解事业息息相关或者关注这个领域的人。”他的时事通讯最多不会超过几百词，每个月向2200多人发送一次。他继续说道：“每个月我都会因此接到两三个咨询电话和实际的案件，而且我很清楚他们大约都是冲着时事通讯里面的特定内容找上门的。每次参加律师协会的聚会活动，也至少会有三个人来和我说，他们看了争议解决小贴士之后获益良多。虽然邮件过滤系统每次最多允许发送25人，我的助理几乎要花上一整天的时间去分类并发送这些电子邮件，但这是我会一直坚持下去的工作之一。如果结束我的调解人生涯，那么最后一件事也一定是写完当月的争议解决小贴士。”

多管齐下

不同的人接受信息的偏好都有所不同，视觉、听觉甚至体感信息渠道都各有千秋。我认为宣传营销应该多管齐下。我们至今仍然寄送纸质卡片因为当你手里触摸到纸张的感觉本身就不一样了。我们当然有自己的网页，让那些偏好视觉信息渠道的人轻松浏览我们的简历、照片等信息。同样，时节的问候和致谢电话也有它独特的功效。

——杰夫·艾布拉姆斯

杰夫·嵇查文则说道："我没有创建自己的时事通讯，但是每当我发表了新的文章，我都会发送一条提示性的电子邮件告诉客户，并附上这篇文章的链接。这只是一个例子，我认为你必须给别人发送一些有价值的内容，否则你的电子邮件只会增加别人的负担,降低别人对你的评价而不是有所帮助。"

慎重投放平面广告

调解人需要做一些平面媒体的广告吗？有时可能会需要。

在一些法律刊物或者行业组织类的报纸和杂志上刊登广告可以起到一个简单的提示作用，告诉大家你还活跃在这个市场。这是为什么许多优秀的调解人至今仍然会在某些刊物上预定一个很小的版面，放上自己的照片作为广告。但是如果期望通过这样的广告获得回报，恐怕结果只能是徒劳的。要想起到作用，广告至少得每年或者每一年半出现六次以上，而且这种广告不太可能会直接带来任何案源。

更有效的宣传营销是通过人与人之间的互动，或者是撰写文章。你必须要做一些能对别人有价值的事。虽然如此，我在过去十年的时间里确实也在一个读者群体主要是诉讼律师的行业商会刊物上保留着自己个人的简介。我只是希望通过这种方式让大家知道自己仍然活跃在调解行业。但我认为，花大量的金钱在一些法律期刊和全国性的律师协会出版物上做广告，投入产出不成正比。除非你是与别人一起，或者能够与某些团体一起分担这类广告的费用，否则这种宣传营销的回报实在不值得如此巨额的投入。

能够出类拔萃的调解人通常都有较为一致的观点。米歇尔·奥布拉多维奇说道："我认为大量的投放普通宣传性质的广告完全是浪费金钱。调解是非常个人化的服务，我们的宣传营销需要的是私人化的方式。我所有的宣传营销材料反映出来的都是关于自己性格的信息。"

里克·拉塞尔也说道："我们每隔三周也会在安大略湖地区的法律报道中适当地投放一些广告，但通常只是三分之一个版面，我们放上自己的照片只是起到一个展示的作用。这种宣传营销的目的只是希望读者能说‘噢，我认识这个人，他帮我们调解过那个争议案件。’若读者群体对你的调解服务有过不错的体验，他们就能通过这样的方式记起你。从另外一个层面来说，这样的广告也是在向大家表明我们仍然做得不错，可以继续为大家服务。”

罗伯特·A. 克里欧强调，如果你打算投放这样的广告，投放频率远比版面大小重要。他说道：“在罗伯特·阿克塞尔罗德著名的著作《合作的进化》一书中，已经指出了相互联系的频繁程度决定了合作关系的紧密程度。合作深度和长度未必重要，频率更为重要。如果我将要花一个小时的时间与你合作，那意味着我将占用你 60 分钟的时间。但实际上我分别占用你 6 个十分钟的片段时间会与你建立更强的信任和更密切的关系。”

他继续说道：“我们的宣传营销更侧重于增加联系的频率。所以我们认为在某个刊物的每一期版面中都有一个小小的广告，效果要比时不时地投放一个半版广告好。我们倾向于相信频率更为重要，即便每次的联系深度一般，但从长期来看，这仍然有助于为我们和当事人之间建立合作关系，并带来实际的业务。你应该规划好自己打算在市场曝光的频率。”

联系的频率非常重要。许多年前，当这种个人广告方式开始流行起来的时候，一群富有企业家精神的法官在一个法律类报刊上塞入了一条他们的广告——一张小小的黄颜色卡片，里面是他们的名字和电话号码。如果需要选择仲裁员[1]的时候，当事人很容易找到这张卡片，因为他的颜

---

1 自 1975 年之后，美国联邦法院系统和州法院系统开始出现以法院案源为业务的替代争议解决服务（Court-connected ADR）浪潮。早期的替代争议解决服务种类繁多，表现形式不一，但其主要的本质偏向于调解和不具有约束力的仲裁（nonbinding arbitration）。此类服务旨在为当事人的争议决策提供策略性的干预选择。1976 年哈佛大学法学院教授弗兰克·桑德尔（Frank Sander）提出“多门法院”（multidoor courthouse）概念后，许多美国法院开始赞助或支持不同的替代争议解决服务项目。参考培普丹大学法学院托马斯·斯蒂潘诺维奇教授（Thomas J.Stipanowich）关于此议题的两篇文献“ADR and the ‘Vanishing Trial’：The Growth and Impact of ‘Alternative Dispute Resolution’”以及“The Multi-Door Contract and Other Possibilities.”

同时期，美国法律行业涌现一批以法院案源为主要业务的争议解决服务提供商，例如 1979 年成立的美国最大的私营争议解决服务机构 JAMS，该机构早期提供替代争议解决服务的种类即包含调解及不具有约束力的仲裁，且提供服务的主体多为美国法院退休法官。参考 JAMS 官网介绍：https：//www.jamsadr.com/about-jams/。——译者注

色非常显眼。后来这个卡片广为人知，被称为“黄金卡片”。这张卡片在整个法律圈人士间广为流传，很多人都将它放在案头。国际调解人学会（International Academy of Mediators）在几年前也采取了类似的宣传营销策略，他们制作了一张包含有 20 个调解人人选的小卡片，这些调解人都承诺在未来五年内可以提供调解服务。即便大量地投放这张卡片，宣传营销的成本也是非常低廉。同时，若能保证这些调解人人选的水平和服务质量，许多人都会保留这张小卡片。这些都说明联系的频率和这种联系的独特性是广告投放的关键点。

最后，克利夫·亨德勒这样一条忠告也非常实用，他说：“一定要向你的目标群体投放广告，不要像霰弹枪一样没有重点。找到客户群体关注的刊物再投放广告。在多伦多，《安大略湖评论》是每个律师每周都会查阅的刊物，而我们 95% 的广告都投放在哪里。在洛杉矶，《时事评论》是每个律师都会阅读的刊物。你需要明确自己的目标群体是律师群体？商业主体？家事主体？这都取决于你对自己的执业领域定位。”

写作让你值得信任

撰写文章是另一种可以让大家记住你名字的方式，前提是你乐于笔耕不辍。署名文章通常能增加你的曝光率和声誉，如果文笔飞扬同时也言之有物的话则能锦上添花。当然，今天的争议解决市场已经趋于成熟，人们大多对调解了解一二，所以如果你的文章还是关于调解理论那些陈词滥调，恐怕会适得其反。同时，还需要注意不要去附和那些千篇一律的主题和内容。人们希望看到的是新鲜的思想，读者总是希望能通过文章看到作者意图推动调解技术发展的努力，这样的文章才能让人感到耳目一新。尽可能地贴近实践经验，不要仅仅谈论调解程序的意义和价值，你需要切实提供一些实用的调解技巧让别人能够融合到他们的实践之中。

要记得将自己发表的文章上传到网页。这能够让客户群体了解你的动态，并在他们有兴趣的情况下，有机会查阅这些文章。里克·拉塞尔说道：“我在很多刊物上都会撰写文章，不仅调解服务的使用者，包括调解服务的提供者都能够看到我的文章。我的合伙人加里·弗朗还出版了两本书。你可以放在网页上出版物的内容之中，供有兴趣的人自行下载。如果有这样的出版物能够放在网页上，人们在一定程度上会更加信任你。”

几乎这本书提及的所有调解人在撰写文章方面都相当高产，并且现在根本不缺乏发表出版的渠道。我能立即想到的就包括《冲突解决季刊》、《争议解决杂志》、《多元化争议解决》，还有很多其他刊物。拉尔夫·威廉斯就指出：“每一个律师协会都有自己的出版物。想要发表出版是异常简单的事情，所以只要你能写，就可以一直写下去。”

写给谁看呢，谁是我们文章的受众？如果现实中的当事人更多来源于本地社区，为什么要在全国性的商业刊物上写文章呢？单纯从增加眼前的调解日程安排来看，在当地律师协会的时事通讯上撰写一篇短文可能比在美国律师协会的期刊上长篇大论更为立竿见影。

培训让客户近在咫尺

我在 20 世纪 90 年代初期便参与到了一个调解的小型培训之中。我作为讲师向一群法官讲授关于调解的内容。培普丹大学法学院施特劳斯争议解决研究中心的时任主任兰迪·劳芮也参与到了当时的这个培训之中。我们相见恨晚，他随即邀请我在次日上午共进早餐。也就在那个时候，他邀请我开设一门调解课程，并担当争议解决领域的学科主任。我回复说道：“但是我没有任何教学经验。”幸运的是，他并不在意这一点。随后我旁听了兰迪和彼得·鲁宾逊关于如何调解诉讼案件的课程。这个课程内容生动活泼，显然是精心设计过，并能有效地和学生互动。我努力从中汲取了他们的教学方法。随后就担任起了如何调解诉讼案件课程的学科主任。

当我们在这里讨论教学的时候，实际上已与金钱无关。我参与教学是基于个人意愿，我乐在其中且这种方式也能为自己的口碑提供支撑，还可以保持个人的曝光率。基于这些考虑，和像培普丹大学这样的高校建立联系显然成为我梦寐以求的目标。高校本身十分重视自己课程的宣传推广，他们用四色印刷的方式印制包含有我简历和宣传内容的宣传册，并广泛分发。所以这对于我调解事业的起步有莫大帮助。每一次举办这个为期六天的培训课程，培普丹大学都会将这个包含我个人简历、印刷精美的宣传册发放给加利福尼亚州的绝大部分律师，而我不用为此支付任何费用——与培普丹大学的合作真是一种幸运。这个宣传册无疑立刻增强了口碑，对于我这个没有司法机关从业背景的调解人来说很有帮助。

当调解教学的对象是律师时，还会有一个好处——这些律师学员都是未来案源的看门人。许多参与培训的律师虽然有意愿运用这些调解技

不要放弃参与教学工作

我在数所高校的课程中进行教学。最初，这对于调解业务的增长并没有太大帮助，我也有所犹疑。但现在不一样了，桃李满天下自然也不会为案源发愁了。学生之间耻于互相争抢案源，但将自己的案源交给自己信任的人进行调解则没有这样的顾虑，这是出于对调解程序本身的信仰。而教学辐射范围内的案源成为了我的业务增长点，为此我很欣慰。我几乎忘记了这也是一种宣传营销，现在也不会放弃我的教学工作。

——里克・拉塞尔

能，但他们很难放弃原有的律师职业，也很难真正作为调解人实践这些调解技能。通过培普丹大学的培训课程，他们对调解程序本身就产生兴趣，并逐渐会将调解这样的争议解决方式代入他们争议解决的过程之中。当他们想要选择一名调解人的时候，最先出现在脑海里的必定是讲授调解课程的老师！

参与教学同样也磨砺了我的公共演讲技巧。面对公众进行演讲会让人紧张，而且大多数人都难以克服这种紧张情绪。在这种状态下进行演讲无疑会让人觉得索然无味，从而让听众对你失去兴趣。经过了几年的教学实践，我逐渐学会了如何保持课堂的活跃气氛并与学生互动。实际上，参与教学对于我来说也为自己带来了更多的机遇，这是因为我不断地与不同的人交流、应邀更多地表达自己的观点，从而锻炼了自己的沟通技能。教学打开了我职业生涯的另一扇门。

单纯从业务上来说，教学未必是有利可图的。在调解事业的起步阶段，你会非常忙碌，无暇顾及其他。有一些人之所以决定成为专门的调解培训讲师是因为他们的业务量无力支撑日常的开销，以至于最后他们或许在调解培训领域做得非常出色，而偏离了意图投身调解具体争议的初衷。如果你原本打算做一名调解的实践者，就需要当心像这样偏离自己的职业轨道。

最后一点就是，如果你确实不擅长教学，这并非必需的宣传营销方式。想一想高中的历史老师们，他们是不是也身在曹营心在汉？无法全身心投入教学的老师很难真的为学生创造价值。不是所有的优秀调解人都喜欢参与到教学之中，也不是所有的人都愿意为了教学事务牺牲其他成本。为自己的能力划定界限也是安身立命的良策之一。乔·爱泼斯坦就直白地说道：“我不会为了教学而牺牲自己的业余时间。”

开始工作！

“我花在宣传营销上的时间远远超过真正进行调解的时间。调解行业的竞争太激烈了。”杰夫·嵇查文这样说道。如果从生产者和经营者的角度思考，宣传营销自然而然是你无法省略的日常工作之一。

米歇尔·奥布拉多维奇说道：“负责案源拓展工作的人员规模已经和有些人的公共关系办公室相当了。我几乎每天都在跑市场、推广自己或者拜访客户。每个月我有一个专栏文章，我会将文章发给通讯录里的所有人，大概 5000 人次的电子邮件工作量。我还在当地法学院为三年级的法学学生讲授调解辩护课程，并在新生入学的第一个学期有一门法律谈判的年级大课。还有许多没有经过美国律师协会认证的法学院邀请我去给他们的夜间选修课程兼职讲座。我还得去另一所当地的大学为他们讲授正义理论的公开课程。同时，律师协会举办的午餐会和认证学时培训我也通常保证每个月一次的参加频率。”

类似于律师协会这种公益性质的认证学时培训，大多是在各个律所举办一个小时的午间课程。在职律师们可以通过参加培训获得美国律师

永不停歇

我认为在调解行业立足和在保险经纪行业立足的道理一样，只有客户基数足够大，你才能够掌控自己的案源。但是作为调解人，你更需要争分夺秒。追随争议解决市场的发展动态，保证能够提供与众不同的调解服务。现在通过调解课程成为调解人的基数庞大，正如同法学院毕业生成为律师那样自然。我就像刚起步时那样不分白昼，保证自己永远是客户群体的首选。牢记：最后一个和他们交谈的人往往是他们第一个想到的人！

永不停歇！

——迈克尔·兰德勒姆

协会的认证学时，你也因此获得更多的曝光率。如果我也是处于起步阶段的话，无偿地在这种培训里演讲是我不会放过的机会。

你若采取复合的宣传营销方式，那么就一定需要做好规划。你需要精心安排好自己的日程，并确定一个时间段来检验自己的完成度，直到完成一件事情时才可以将它从日程表上划去！

罗伯特·詹克斯这样说道：“成功实际上就是你愿意投入资源的结果：你需要全神贯注。我认识这样一个人，他开始转型成为调解人的时候给自己熟识的，或者在以前职业生涯中有过一面之缘的500个人写信，告诉他们自己职业的变化。随后他给其中大部分人打了电话或者直接登门拜访。很快他的调解事业就像三级火箭般发展了起来，这就是因为他投入了自己全部的资源。倾注了全部的心血，自然能够有所收获。”

罗伯特·A. 克里欧也指出：“你的案源拓展任务相当繁重。你得挤出大量的时间来做这件事，因为需要做的事情实在是太多。拿起你的黑莓手机、拨通你的电话、打开你的笔记本电脑开始工作吧。”

他继续说道：“我或许是工作强迫症，手头一定要有目标和任务。我喜欢看到日程表上被划去的一项项工作。我无法忍受浪费时间的行为。律师们都是这样，对时间斤斤计较，会将所有的事情细化到一个小时的十分之一，然后一点一点推进，这真的是一种强迫症。要么你会很有成就感，要么你会很痛苦。”

例外才能够证明规则

如果需要自食其力，那么你所有的动力都来源于自我要求的压力。我很高兴，去年我的调解收入再创新高。我也希望能够有自己的业余时间，所以对家人承诺：“我们可以稍微平衡一下，赚钱未必是生活的全部。”所以我们试着给自己留出一些空闲时间，但日常开销的增长立刻会让这样的生活状态捉襟见肘！

——理查德·韦勒

还有最后一点提醒。如果你已经融入了市场——当你奔波于各种场合之间、与不同的人进行交流、承担起某些课程的教学任务，并倾力工作的时候，仍然需要记得宣传营销的根本——即便所有的这些活动都有助于增长你的见识并拓展你的事业，但若想从中获取实实在在的案源，就必须知道自己并不是所有场合的主角！不论是在一个鸡尾酒会上还是在一个培训课程上，你融入其中的目的在于倾听别人对于他们争议案件的担忧和焦虑，要学会挖掘他们的调解需求。所有这些宣传营销的目的不是让你去吹嘘自己有如何的成就，而是需要主动了解客户群体所处行业的动态，并找准自己业务的切入点。当他们记住你的名字和相貌时，你已经在他们潜意识的调解人备选名单里印上了关于你的信息。

·领军人物的成功窍门·

1. 运用蝴蝶效应对自己的优势进行宣传

一些看起来微不足道的细节也能够决定宣传营销的成败，一次培训、一次演讲、哪怕只是在旅途中与别人的一段对话都有可能带来意外的惊喜。或许我们永远不知道究竟是哪个环节的努力带来的帮助，但值得坚信的是"一分耕耘，一分收获"——调解口碑的建立是一个聚沙成塔的过程。机会总是垂青有准备的人，你需要在恰当的时间遇到对的人，而这不仅仅需要一个好运气。坚持下去，等待你的将会是人们期待的眼神，那些注定属于你的调解案源也不可能旁落他人。

2. 明确目标客户的定位，为宣传营销找到切入点和落脚点

其实道理很简单，你需要学习客户，从某个领域内有知名度的、与行业密切相关的群体、行业协会、行业期刊着手进行宣传营销。你也可以经常与那些虽然不直接使用调解服务，但能够把控业内动态并决定案件走向的人建立联系。一旦明确了目标客户的定位，就可以参加到他们所处行业协会或者专业律师群体的研讨交流活动和会议之中，逐渐为调解事业的发展铺垫资源。从中你能够抓住关键的信息、认识重要的联系人，并用你对于调解事业的努力和热情去

打动他们。记住有的放矢地收集名片、不要错过重要的信息，当然还有可以不断填充联系人库的电子邮件地址。

3. 经常与客户群体联系并回访

最后一个和他们交谈的人往往是他们第一个想到的人，此话不假。当人们需要调解服务的时候，你当然希望自己是不二之选。充分利用空闲时间去联系客户群体，看看他们现在是否有争议需要你的帮助、调解服务是否能帮助到他们减轻负担。

4. 主动寻找面向目标客户群体演讲的机会

如今的演讲机会多如牛毛，但真正重要的是能够保证自己的演讲能够深入目标客户的内心——那些能够切实带来调解案源的人。演讲发言总是需要有针对性，面对听众时所需要做的是尽量回应他们关切的问题和需求。

5. 尽量与听众保持互动，并让演讲内容变得有趣

遵循演讲中的以下五条基本原则不仅可以让获得更多的演讲机会，还可以让更多的客户群体迫不及待地想要了解你的调解服务。这些原则是：（1）尽量争取独立演讲的机会；（2）引导听众的注意力；（3）了解听众关切的问题，并对症下药地提供信息；（4）保证你的演讲能够产生双向交流的效果；（5）融入听众的话语体系，并尽量用听众能够理解的方式演讲。

6. 拥抱互联网 + 的时代

每一个人都需要有自己的网页，但也不必重金打造。网页的目的是让浏览者能够拨通你的电话。确保网页上包含了你的简介和办案数据，你曾撰写过的文章，以及那些对你的赞美之词。内容丰富但也不能让人眼花缭乱，网页应尽可能简洁和便于查阅。如果你有时间、有精力、有兴趣编辑时事通讯的电子邮件，这种定期的电子邮件是让人们时刻记住你名字的好方法。当然，你必须提供有意思的新信息才行。尽最大可能别让这些邮件被垃圾邮件过滤系统给过滤了！

7. 慎重地投放平面广告

在平面媒体上投放广告是让人们记住你的名字和形象的方式之一。但使用这种宣传营销方式时一定要确保广告内容不会让自己的形象减分或者模糊自己的个性特征。相比广告版面的大小，宣传的频率和内容的格调总是首要考虑的事项。

8. 如果文笔飞扬且能够笔耕不辍的话，就撰写文章吧

署名文章增加曝光率和声誉的捷径。但是，文章的内容需要有新鲜的思想。你需要把自己的经验抽丝剥茧，提炼出人们能够学以致用的技巧。投稿的平台同样也很重要。应该瞄准目标客户群体、在调解人经常发声的平台撰稿。面向泛泛读者群体的平台并不值得投入这方面的精力。

9. 教学培训也是宣传营销的方式之一

组织一些教学培训或者是参与授课都是很好的经验分享方式，也是一种案源拓展方式。参加教学培训的大部分是律师群体，而他们代理的案件一旦有调解需求，那么自己的调解讲师往往就是第一人选。当然，要记住这是在为自己的调解事业进行宣传营销，不能本末倒置地占用太多时间。

10. 认真对待宣传营销的工作

宣传营销，或者说通过人脉拓展、宣传展示让自己融入市场的工作从性质上完全可以算作另一项全职工作。但如果有志于成为第一流的调解人，这就是你无法省略的日常工作之一。不要停下脚步，努力工作，并尽量乐在其中吧。

第陆课 CHAPTER 06

调解也是一个商业行业

“如果无法赖以为生，何来提供服务？所以学会如何开展可持续的业务非常重要。”

——克里斯托弗·穆尔

那些站在金字塔顶层的调解人往往都具有优秀的企业家精神。仅仅是擅长调解无法保证你在这个行业能够生存下去。

“出色的调解技巧和过往成功调解的丰富经验并不足以支撑调解事业永续发展。你还需要知道如何进行商业运营，并有足够的自律加以贯彻。你要有信心、能够平衡各方利益、拥有创新和引领行业发展的思维，并具备激励别人的能力。而且在以上每一个方面都必须出类拔萃——你必须成为一个优秀的商人，提供优质的服务。”一位优秀的调解人这样说道。除此之外，我还想补充一点，你还必须能够接受不断失败，直到找到适合自己的调解业务发展模式。

调解人总是对自己的创造性思维津津乐道，所以无法归纳出一套所有调解人通用的调解业务发展模式这并不奇怪。在这本书里分享过观点的每一个优秀调解人，他们长年累月逐渐形成了为自己量身定制的调解业务发展模式，不同的模式取决于各自的需求、兴趣、偏好，以及他们的个性。下面列举的是其中一些具有代表性的业务发展模式：

> “我曾经是与人合伙，并加入了一个调解人名册，但现在可能‘个体户’的模式更适合我自己。”罗伯特·A. 克里欧这样说道。
>
> “我有两个合伙人，而且我们为当事人提供一个 50 多人的调解人名册。”这来自罗伯特·詹克斯。
>
> “我从来不喜欢单打独斗的业务模式，我和我的合伙人里克·拉塞尔创建了一个小型的有限责任公司。我们雇用了一些业务助理。我觉得最重要的是能够有 4 名到 5 名同事愿意为公司融入市场做出努力，这会非常有帮助。”加里·弗朗采用这样的业务模式。
>
> “我与一些律师朋友们合署办公，大家都是差不多 25 年的老

朋友，但我负责调解业务，他们仍然开展自己的律师业务。”这是保罗·莫妮卡蒂。

“我作为科罗拉多州的合作决策咨询机构（CDR Associates in Boulder）的合伙人有25年了。这是一个非营利性争议解决机构。当初是4个合伙人组织并创建了这个机构，现在我们已经逐渐由一批新生代的管理层来运营了。”贝纳德·迈耶对此很自豪。

“我从1990年开始就以独立调解人身份开展调解业务，但这样的弊端也很多，我不能生病、没有假期，因为只有我一个人！后来我决定创建自己的调解事务所，希望将来自己退休的时候能够留一些什么给我的孩子。而且我始终是一个喜欢社交生活的人，我喜欢在人群中工作。”克利夫·亨德勒回顾了他的调解生涯。

“我们的业务模式是两个合伙人的事务所，我们各有一名助理调解人，他们需要支付使用费。我们共享办公室，我也会将自己一定量的案源分流给我的助理。她需要支付的使用费包括了事务所为她开展业务而支付的日常开支，同时需要给事务所一部分的利润提成。另一位合伙人的助理也需要支付使用费。我们支付费用和分配收益的比例基于各自接到新业务的数量份额。如果我的合伙人把案件分流给我，我也需要向他支付业务分享费用。”另一名优秀调解人详细解读了他的业务模式。

我们从中不难发现，调解业务模式的选择并没有那么绝对。是否能够成功也不依赖于此。罗伯特·詹克斯常用他的事务所开玩笑，他的事务所——调解仲裁职业体系有限责任公司（MAPS, Mediation Arbitration Professional Systems, Inc.）是美国南部地区最大的调解和仲裁机构。他幽默地调侃道：“我们其实说垮也就垮了，因为我们之中任何人出现了差错，那就等于是全部人都出现了差错！我们所有名单上的调解人用各自的声誉支撑起了事务所的声誉，相应地也就不可能区别对待每个人的调解行为。如果这种模式走入死胡同的话，我们已经深陷其中了。错误和成功都能汲取到有用的养分，在不断地试错中，我们走向成功！”

如果你也想找到一个适合自己的业务发展模式，应该首先审视自身，看看自己的兴趣是什么，你有怎样特殊的人格魅力，你过往的成就如何？如果你曾经在一家大型律师事务所工作，并且喜欢那里的组织架构，那么最终加入一个能够为你结算账单并承担部分营销工作的大型争议解决服务提供商将会是一个适合的选择。如果你初入职场就显现出良好的商业头脑，那么作为独立调解人拓展案源也一定难不倒你。如果你也是一个喜欢热闹的人，那么与他人合伙，或者合作成立一个公司将会是不错的选择。如果你和我一样，那么就选择单飞，并最终找到适合自己的调解业务发展模式。

认知不断迭代的业务模式

绝大多数优秀调解人所采取的调解业务发展模式都随着时代发展在不断演变。调解业务发展模式要不断地适应市场的需求，并兼顾个人兴趣的变化。贝纳德·迈耶在讲述合作决策咨询机构变迁的过程时这样说道：“我们应该能算作中上游的争议解决服务机构。我们非常具有创新意识，总是在第一时间将一些最新的理论和观点应用到实践当中。多元化的发展大有裨益，不过今天这个行业又开始向专而精的方向发展。而我们一直顺应这种潮流做出变化。我们非常善于将自己的知识和技能应用到全新的领域，以往成效都不错，现在兼顾培训业务和调解业务也很适合我们。”

就像大多数为本书分享了智慧的调解人一样，我的实践和调解业务模式也在不断演变，至今也未曾停滞。

在20世纪90年代早期，我的调解业务模式与这个行业中的大多数人一样，没有特色。作为洛杉矶地区最先出现的几个律师调解人之一，我的触角停留在原先执业的领域——我直接去寻找一些交通事故侵权、保险理赔、房地产的争议案件。随后我尝试了一些新的调解业务模式——

我作为一个调解服务提供商，成立了第一调解公司，而我就是公司主要的调解人。同时，我也招募了另外几个调解人共同以公司的名义提供调解服务。一段时间后，我却发现自己不愿意再去为他人宣传和背书。虽然这种模式带来了可观的利润，但与我从事调解的职业初衷相悖。

后来，我重新思考并形成了个人执业的调解业务模式，只有我，杰弗里·克里维斯，作为独立调解人执业。当时我的想法是这样的：如果是要接受一次心脏手术，你绝对不会随便走进一家医院找一个当班医生就躺上手术台。你会尝试联系城里最好的心脏手术专家。我发现律师和有调解意向的人选择调解人时自然而然地会去联系他们听说过或者熟识的调解人。虽然这种见解未必正确，但是我认为在一个争议解决服务提供商的组织里提供调解服务会让自己成为一件可以随手抛弃的商品。所以我决定作为独立调解人来开拓属于自己的市场。

如今，来寻求调解服务的客户全部都是因为对我个人的信赖，不再会是在某个名册上任意挑选的结果。我仍然运营着第一调解公司，不过我只是将公司作为财务处理和储蓄养老金的账户而已，因为一些公司的财务无法对接个人，只能以公司的方式作为“卖方”。

模式一：师徒沿袭模式

所谓成功的调解人，从时间维度定义就是极度忙碌的。调解这样的工作是非常消耗脑力和注意力的，我们需要经常放空自己的大脑来缓解压力。或早或晚，这种对个人空间的需求变得尤为重要，它能保证你的身心健康并保持你的理智。在全力以赴地奋斗了若干年之后，我最近做出了一个决定：过去每周全勤工作 5 天到 6 天的日程表不再适合我了。所以，我第一次尝试了与人合作。我的伙伴玛丽亚姆·扎德，她会帮忙分担一些超额的工作量。我们在一起的关系是一种师徒关系，而这种关系对我们彼此都有所裨益。

☐ 市场细分

所谓市场细分的工作安排在我看来和寻求不同的市场定位曲径相通。就拿流行全美的日常消费品BBW公司（Bath & Body Works）举例，他们的首席执行官将连锁店细分为三个层次——旗舰店，二级店面，还有精品店。这位首席执行官的设想是通过市场细分的策略在公司不同档次的商品之间制造差异化的竞争和发展机会，激发潜在的市场需求。在这个意义上来说，我和玛丽亚姆·扎德就进行了市场细分。她的调解事业刚刚起步，我们的合作在于向我们的客户群体，即向许多律师传达这样的信息：有一些争议较小的案件可能我未必有时间处理，但是她能够为你们提供服务。客户群体都认同这种策略，毕竟为他们提供调解服务的人也是我培养出来的，我对她言传身教，而且她的费率较低。我的公司现在并不会去承接太多的案件，因为我的费率超出了大部分市场的预期，而且我的调解日程表安排得很满。这对于玛丽亚姆来说也是一件好事，这让她会有更多的时间去处理我或者其他人分流出来的案件，并从中获取报酬、利用自己的时间去和潜在客户群体建立联系。

当然，也有许多非正式的师徒关系合作模式。杰夫·艾布拉姆斯说道："我大概已经指导了不少调解人了。他们展示出来很好的天赋和技能，他们对调解很痴迷、充满热情，而且立志投身于这个事业。举个例子来说，曾经有一名女性调解人在与当事人进行背对背会谈时给我打来电话，希望能来一次'头脑风暴'。这是她刚刚开始处理的几个调解案件之一。后来我们建立了良好的关系，时间和距离的变化也没有中断这种联系，她如今已经是非常优秀的调解人了。看到一个人充满热情，并见证他的成长是很有意思的过程。这种指导并不涉及金钱回报与否，我很乐意于看到他们的成长。"

观摩别人进行调解是非常直接有效的教学方式，尤其是"导师"能够花时间再重头为观摩的人梳理一遍要点。克利夫·亨德勒说道："我每次调解时都会有很多人来观摩。我对此有所保留和选择，因为我希望真正对于调解事业有热情的人参与进来。他们都会为调解程序本身的魔力着迷，而我总是很努力地引导他们将注意力集中到调解程序的设计安排上，而并非争议的具体内容。一般在开始之前给他们布置一些任务，让他们观察调解过程中各方态度情绪的变化，然后向我汇报调解过程中到底发生了什么，这能启发他们从争议之中发现调解契机。我希望大家在观摩我的调解之后并不是走过来告诉我哪一方有道理，哪一方没道理。他们应该能看到调解过程中各方情绪动机的变化，谁听谁说了什么。"

□ 师徒模式的优势

这种师徒模式让我获益匪浅，远比简单雇用一个处理案件的人员超值。"导师"的角色让我有机会用不同的角度看待调解实践，而我相信这种角色的转变让自己成为了比原先更优秀的调解人。许多年的时间里，我都是在进行这样的循环：起床，调解一个案件，回家，准备下一个案件的调解，第二天早晨起床后再重复一遍。我喜欢这样的工作状态，但是必须得承认的是，这让我的视角变得狭窄。如今，我有机会去关注别人是如何调解的。师徒之间会探讨具体案件的调解策略，我也会帮助她拓展调解业务。成为"导师"让我越过了在过去十年甚至更久的时间里为自己能力划定的边界，帮助我向未来启程。

而且，"导师"的身份也能够对自己起到激励作用。我当初想要去把这本书提到的所有事情都做一遍的雄心壮志基本完成了。但是我的"徒弟"，她很年轻，很有热情，处于事业的起步阶段，而且拥有和我当初一样的雄心壮志。这种精神上的共鸣让我倍感欣喜！

如今，调解行业的竞争已格外激烈。我们已经被淹没在那些接受了

建立师徒关系

如果你正在寻找自己的“导师”，首先应该考虑自己的职业目标是什么，你想成为什么样的调解人？有谁的调解业务让你折服？谁更与你合拍？然后再拨通目标调解人的电话，征询他是否愿意收你为徒。这样一来，要么你能够顺理成章地拜师学艺，要么你就会发现自己可能并不适合这样的职业规划。

当你已经拜入门下，或许就应该考虑能够为师门做些什么，不要只求回报不愿付出——在导师倾囊相授时，你又如何能够为师门增色？师徒模式是双向的关系，一日为师终身为父——这是长期的合作共赢关系。你的成功和失败都与“导师”密切相关，对此要予以足够重视。

我是一名佛教徒，而师徒模式俨然成为了我践行信仰的关键元素。师传亲授的同时也必须敬奉有加，这是师徒关系得以延续的关键。泛泛之交即便能够授人以鱼也称不上师徒。断之以慧剑、济之以智舟者才能引领你在课本之外领略调解之精髓。只有这样的人，我们才能够拜之为师。

如果你想要在调解行业里树立自己的口碑，那么问问自己“谁是这个行业里我最景仰的人物？我想要追随谁的步伐？”不要人云亦云地追随“名人”，要找一个能够和自己合拍的人，去追随那个由衷认为“相见恨晚”的人。

——玛丽亚姆·扎德

40 课时调解培训便认为自己能够开展调解业务的调解新人之中。正如杰夫·秸查文指出的那样，“现在成为调解人的方式其实就是在名片上印上‘调解人’三个字而已。”作为已经有所成就的一批调解人来说，我们应该透过眼下的竞争，勾勒这个职业未来的模样。现在，调解行业仍然是倚重个人经验的行业，如果我们这群人不分享经验，整个行业又如何往前发展呢？我们不愿意看到这些经验白白流逝。正如年迈的画家和雕塑家都会将毕生艺术传授给自己的学徒。因为英雄迟暮，毕生艺术如果失传岂不可悲。师徒模式让我们能够通过言传身教，推动调解行业不断向前超越。我们要确保那些高质量的调解人能够实现调解的“启导”。

必不可少的商业规划

“很多新手调解人，尤其是律师出身的调解人，往往对于商业规划、宣传营销、目标规划缺乏经验。大多数在大型律师事务所中工作的人很少近距离地从商业角度考虑问题。对于他们来说，想要作为调解人在调解行业中取得成功还需要做很多准备工作。十年前，当我离开律师事务所开始成为一名独立调解人时，我问自己‘我现在应该做什么？’于是我雇用了一名商业规划师，并极力从我的注册会计师那里汲取灵感——他对于明晰我自己的商业导向和目标有很大帮助。”杰夫·嵇查文说道。

我想，不论如何强调制订计划的重要性都不为过。用数据和表格去衡量自己的调解业务发展目标，并时刻关注实际进度。凡事预则立，不预则废，后者会让你的调解生涯困难重重、难以为继，前者能够让你通向人群和鲜花簇拥的地方。尼娜·梅尔丁将这个问题说得很明白，她说：“许多调解人选择从事争议解决工作是因为他们感到自己有义务有能力去帮助别人摆脱争议的折磨。甚至有一部分极具使命感的调解人仅仅是凭着高尚的理念就吸引了公众的注意。但这样的调解人未必是一个好的商人，他们可能没有形成商业计划、过于理想主义，认为自己可以从曾经职业的辉煌中轻松转型，并开展调解业务。事实却并非如此。”

米歇尔·奥布拉多维奇补充说道：“我希望在自己的调解业务发展计划中努力实现的是，从接下来的六个月到一年的时间里找到具体的发展机会，然后思考应该怎么样调整现有的调解业务模式，直至把这些机会转变为接下来实际的调解业务。有了行动计划之后，我的目标就是按部就班。直到完整地实现了最初的调解业务发展计划所设定的价值目标。沿着两个步骤，我能够脚踏实地地开展调解业务，并能够对自己调解业务发展程度进行衡量。”

坦言相告

如果坦言相告：想成为一名优秀的调解人，首先要有创业的心态和准备，许多人对此迷惑不解。有时我会直言：“你必须做好准备，可能很长的时间内都不会有任何利润；你还需要做好准备，甚至可能很长时间内都不会有任何收入。”

这时，听众们会反问道：“利润？收入？有区别吗？”

我接下来一句话就会是：“或许调解行业并不适合你。”

——杰夫·嵇查文

□ 目标规划与过程评价

当我的助手玛丽亚姆·扎德考虑成为一名全职调解人时，我问她：“你如何确定这是否是正确的职业选择呢？我们一起规划一下你的职业目标，并设想一下实现目标过程中可能遇到的障碍。”我建议她将这些内容写入一张目标规划表里，然后她也确实就此按部就班地启程了。

玛丽亚姆回顾道：“很多人把投身调解行业挂在嘴边，但对于具体想要做什么却一无所知。用一张目标规划表确实有益于梳理自己的思路。一张目标规划表需要包含四个方面内容：（1）设定目标；（2）设想障碍；（3）应对方案；（4）希望达成的结果。这些内容需要明确具体，而且你必须诚实地面对自己。”

我在这里放上一张目标规划表作为样本，你可以在初入调解行业时使用它，也可以在任何职业转变时使用它：

目标：成为一名优秀的调解人

希望达成的结果：与导师建立互利共赢的长期商业伙伴关系

障碍	应对方案
何时辞去现在的工作	• 当我成为调解人的前提资格条件成就的时候
与导师之间保持信任关系	• 主动地与导师进行沟通 合作中相互保持坦诚 坦白地设定自己商业目标
让自己得到成长	• 拜师学艺，处理案件获取经验 适时与导师讨论费用分成比例
给导师带来回报	• 扩展业务领域并创造营收增加值 导师生病或休假时代为处理事务 代为准备 / 完成演讲发言
客户积累	• 与当前通讯录里的联系人互动 获取新的联系人（通过分流导师案源以及其他的选定机会）
在转型期保持稳定的收入状况	• 努力工作使薪酬能保持现有水平 日常办案的津贴补助
办公场所	• 开始时与导师协调，在他空闲时使用相同办公场所。能够自立时，扩展自己的办公场所。 在当事人的场所或者其他场所进行调解
与导师现有雇员保持联系	• 从导师那里询问信息，确保能够平稳过渡并保持信心
工作与生活的平衡	• 在努力工作之余可以给自己个人兴趣爱好一些空间
起步阶段的空白期	• 参与活动结识业务伙伴 撰写并发表一些文章 志愿参加上诉法院、高等法院和联邦巡回法院的一些调解人名册

模式二：专职顾问模式

虽然大部分时候我们为了调解事业的成功必须放弃原本从事的职业，但也有一些非常成功的律师出身的调解人却仍然能够协调两者的关系，他们逐渐将自己的律师事务所作为开展调解业务的大本营。

特蕾西·艾伦说道：“我现在的业务模式并非最初的选择，但是发展至今除了个人因素外，还取决于实际需求、发展愿景和一些与调解业务本身可能无关的因素。幸运的是，作为一家大型律师事务所的内设部门，能够获取相应的辅助服务、设备设施和人脉资源，这些是我如果独立执业或者在一个争议解决服务提供商那里都无法获得的。也就是说，虽然因为身处一家长年作为医疗事故纠纷原告代理的律师事务所，我失去了很多中立的调解机会，但同时我因为律师事务所本身的声誉又获取了很多其他的调解机会。”

她继续解释道：“在调解事业的起步阶段能够从这种平台优势中获得很多便利，因为这里能够有基本的律师工作收入保证我能够生存下去。发展至今我才可以选择什么时候、从谁那里、收取多少费用，从而对自己现在和未来的工作强度有更多的自主权。只要每年能够完成事务所分配的利润目标，他们并不介意创收来源于律师业务还是调解业务。我的调解业务模式还倚重于我的办案秘书，她能够将行政工作和我的调解日程表梳理得更有效率。”

合作共赢

在新兴领域，尤其是建筑工程领域，我大部分工作采用合作模式。这有点像婚前的婚姻咨询，又有点像某种中介。一群人对你的工作提供帮助，同时许多人也得以了解你的工作。这让你能有机会与许多人建立人脉关系。

——里克·拉塞尔

本内特·皮克尔同样也是一个在律师事务所中工作的调解人。他说：“我主动地作为调解人开展业务已经接近 20 年了。或许和一些新人的故事不同，我刚刚迈入调解职业的门槛时，我在自己原先的执业领域里和职业圈中已经是有一定声誉的权威了。”

“刚开始的时候，我的调解工作都是兼职完成的，而日常工作重心仍然是一些复杂的商事争议诉讼和集体诉讼。很久以后，我才真正转型，全身心投入了多元化争议解决事业和调解事业。从 1995 年开始，我与在费城拥有 150 人规模的斯特拉德利·罗农律师事务所（Stradley Ronon）成为合伙人，并同时担任了一个由 10 名律师组成的争议解决组织主任。”

“我感觉自己可能是一个例外，与世界上其他全职的调解人都不相同。而且我并不会鼓励大家选择这样的职业发展路径。有两个理由：第一，因为律师事务所的利益冲突回避规则，你会丧失很多调解业务；第二，很多律师事务所在内部并不鼓励开展类似的调解业务，因为调解业务的利润空间有限，而且这种个人化的工作并不能给事务所的其他业务带来太多的收益。在斯特拉德利·罗农律师事务所的时候，我获得了许多支持，但选择支持和拓展调解以及多元化争议解决业务的律师事务所毕竟是极少数。我相信这样的转型路径和调解业务发展规划对那些本身已经成为律师事务所核心人物的调解人，或者在原先执业领域已经成为权威的调解人有参考价值，但范围肯定不会很大。”

模式三：调解人名册模式

本书更多侧重于独立调解人和小规模合伙合作的视角。之所以没有过多地讨论调解人名册这种机构化的调解业务发展模式，是因为我深信如果有志于站上调解行业的金字塔尖，那么独立执业或者维持小而精的调解业务发展模式才是最佳选择。但坦白地说，这或许只是我的个人偏见。最近我还接到一个调解组织的邀请，他们希望建立一个网页，将一些调解人的名字制作成名单，推行一种类似网络调解人的名册。这个提议是有一定吸引力的，但是这如同当初我选择成为独立调解人时所面临的相同抉择：我并不清楚调解人名单上的其他人究竟是谁，如果自己和其他一些欠缺调解经验，甚至调解技能欠佳的调解人放在一起，这无益于维持我自己的声誉。最为成功的调解人往往都不愿和其他人一起“打包销售”。我希望人们能够记住我的特点和个性，而不是成为一件普通商品，让人觉得那么多调解人，换一个也一样。

有许多业界同仁都和我持有相同的观点，但是也有许多人并不赞同。实际上，为这本书分享过经验的优秀调解人之中也有不少是采取机构运营的调解业务发展模式，他们或是拥有自己的多元化争议解决机构，或是位列调解人名册之中。这其中也不乏一些有影响力的调解人名册，本身想要将加入其中就意味着自己必须已经成为了调解人群体中的翘楚。正如拉尔夫·威廉斯指出的那样，在决定加入某个调解人名册之前，你作为调解人应该已经享有一定的声誉了。他说道：“实际上所有的这些争议解决服务提供商对于你来说只是为宣传营销的工具箱里增加了另一个选择。而且，若你尚未成为调解人并积累了一定的实践经验的话，恐怕也不会有人愿意让你加入他们的调解人名册。”

这些调解人名册或者是争议解决服务提供商更像是调解人的经纪人。加入其中的优势在于能够获得超额的案源、可以利用机构的设施设备、省去了许多的日常事务。这对于希望能专注调解具体案件而不愿意涉足宣传营销的调解人来说是很好的调解业务发展模式。对于仍然愿意在律师事务所里或者其他公司组织里工作的人来说，兼职调解人也不失为一种选择。

艾伦·布鲁特曼在1993年创建了韦斯特裁决中心（Judicate West），他说道：“很多调解人之所以愿意加入韦斯特裁决中心是因为我们对于如何帮助他们发挥个人潜质有丰富的经验。每个调解人都希望能够借助机构的资源迅速获得调解业务，并通过机构的品牌价值去接触庞大的客户群体。作为一流的争议解决服务提供商，我们这里有很多机会。经过多年的服务和客户关系的维护，我们庞大的客户群体都有足够的忠诚度。当有律师询问‘谁是你们这里的调解新星？’时，我们为任何一个刚刚起步的调解新人背书都无疑会对他调解业务的发展有巨大的帮助。”

他继续补充说道：“即便已经是调解人中的翘楚，也有加入我们的理由。所有工作人员都全职投入调解业务的运营。如果你是调解人的话，你一定希望能够每天花 20 个小时进行调解，如果可以的话，你只睡 4 个小时。这就意味着，你必须雇用一些人来打理日常事务，必须信任他们，并将职业发展的选择交给他们。诸如此类，自己经营一摊事务还会有很多让你头疼的问题。”

拉尔夫·威廉斯是多元化争议解决机构（ADR Service）的成员，同时也是一名优秀的调解人，他对调解机构化的观点非常认同。他说道：“我实际上是按照小时费率收费，其中一部分分给机构。这些分成换来的是非常棒的会议室、高效的办案秘书、咖啡、茶和糕点、网络等。机构会负责日程安排、案件管理工作、财务处理和费用收取，还负责所有的市

七个合伙人

我们的调解业务发展模式非常独特：我们七个调解人共享案源和日常工作资源。当然也包括日常办公费用的支出。我们打造了一流的调解中心——湖畔调解中心（Lakeside Mediation），并享有一定的声誉。直接的日常办公费用实际并不是很多，我们也没有债务。我们有一名管理合伙人负责保证调解中心的财务平衡。

在过去五年里，我们之间没有发生过任何的分歧或矛盾。我们不仅是朋友，更是调解事业的同行者。我们感到幸运、开心，对自己调解人的职业深感自豪。

——埃里克·高尔顿

场营销和广告工作。同时机构实际上承担了集合的业务风险，所以我觉得将一部分利润分给机构是值得的！”

不过，对于很多具有企业家精神的调解人来说，加入调解人名册也有弊端——你不可避免地与其他调解人同质化。机构化的调解业务发展模式可能最终影响到调解人的“市场净值”，因为你的公众形象不再是自己了。罗伯特·A. 克里欧指出：“调解人名册里的调解人之间最终会成为竞争者，无论是内在的竞争还是外在的竞争都是不可避免的。与其时刻担心其他调解人地位的上升或下降这个问题，我宁愿选择放弃某些调解业务，更多掌控自己的职业发展节奏。”

艾伦·布鲁特曼极力反驳调解人名册会让调解人同质化的观点。他说道：“我们所共享的是机构的品牌价值，而不是调解人名册本身。这是我们吸引许多才华横溢的调解人的原因。我们调解人名册上的调解人都有自己独到的优势，我们的工作就是要将他们的这些独到之处介绍和推广给客户。”

也有像克利夫·亨德勒这样具有企业家精神的调解人建立了属于自己的调解人名册。他这样分享经验：“我的名册里有八到九个调解人，他们都是为我工作。我的工作是案源拓展，绝大部分调解案件都源于我。我会支付广告费用和办公场地的费用，并为其他调解人提供他们需要的一切辅助设施。我们之间就客户的调解费用中按比例分成。我们各自负责自己的工作、日程安排，各司其职并非难事。他们大多数也在我的办公场所工作，每个人的收入与实际调解案件的办理挂钩：如果他们不处理调解案件，那么他们也就没有报酬。我并不指望他们自己能够融入市场并开展宣传营销，当然如果自愿的话，我也欢迎。”

关于工作场所的抉择

写到这里，相信有一个事实毋庸赘言了，优秀调解人的工作强度都非常大，也不可能真的在家里办公。我很幸运地拥有自己的调解中心，其中配备了几个大型会议室和便于进行背靠背调解的小型会议室。我自己有足够的案源来支撑这样的日常办公费用开支。尽管如此，我也无法保证所有的案件都在调解中心进行调解。我必须习惯像在自己的办公室一样，开车时与客户沟通、坐在飞机靠窗的位置尝试与各方进行调解或者在我从未去过的某个城市、某家酒店的商务中心进行办公。

罗伯特・A. 克里欧调侃道："世界上最美妙的事情就是在你需要的时候任何地方都能成为'调解中心'、在客户需要的时候可以随时飞到他们的办公室进行调解。但真的开办一个调解中心，并配备足够的会议室比较昂贵。如果你增加日常办公费用开支的预算，就不得不等量提高自己的调解费率。我更愿意将这些钱投入到与人们的互动之中，也就是说，我的工作很多时候都是飞来飞去。"或许这位调解人的"办公室"遍布各地，他继续说道："如果我必须要打电话，那怎么样才是最有效率的方式呢？自然是边打电话边开车奔向客户啊。如果必须要写一篇文

与其他律师共享办公室

我的办公室是一个套房，并且是和几位不从事调解业务的律师共享这个办公室。我们大部分都已经结识 25 年了。我们各自的业务发展模式也不尽相同。

如今，我也算享有盛誉了。调解这个职业相对比较独立，尽管这个独立性可能仅仅体现为不同调解人对于一个电话或一封电子邮件处理方式的差异。这种独立性并不表明所有的事情都要独立去做。所以尽管我是以独立调解人的形式执业，但并不是独自一个人应对所有事务。类似于 IAM 这样的调解机构中和了调解的独立性特质。加入调解机构与一群调解人一起工作、互相成长，也是有价值的业务发展模式。如今我仍然独立执业，但并不影响我与时俱进地调整自己的业务模式。

——保罗・莫妮卡蒂

章，我也会在机场候机时去完成它。”

当然，有一个能称之为“大本营”的场所总是有益的。但是，正如调解业务发展模式难有统一标准，每个调解人都用不同的实践方式诠释了工作场所的概念。

理查德·韦勒这样描述道：“我其实就是个体户，所以调解工作主要是在家里完成，我的妻子会打理好具体的调解日程表。不过我出差的时间有时也多过在家的时间。”

乔·爱泼斯坦则与一名相关业界的法律人共享一个办公室。他说道：“这样的搭配对我们都有好处。彼此两人的客户群体并不相同，但是客户群体之间会产生需求的交集，并且他也经常会介绍一些新的案源和潜在客户给我。”

□ “办公室、办公桌、所有杂物都不需要”

我认同一个同事提出的观点，他说：“在一开始就投入大量的资本或者日常开支费用的预算过于昂贵会成为最大的错误。”我再补充一点：实际上作为调解人，调解业务的发展甚至连一张桌子都不需要。

我认为调解中心对自己开展调解工作来说很有价值，但在这里实际上没有一个单独的办公室或者哪怕是一张桌子“专属于我”。这么安排的原因在于：闲暇时间原本就难能可贵，如果刚好没有调解案件，我可不希望在办公室里浪费一整天的时间。越来越多的调解中心开始变成一个提供调解场所和案件管理的地方了。如果只是发送邮件或者手写卡片，我完全可以在家里私下完成。在家里还可以完全按照自己的节奏工作，而且毕竟在家里更舒适。

学会简洁地开展工作是非常重要的。我们不需要大量的文件夹、成堆的报纸和到处贴满的便利贴。提醒我们打开网络、查看邮件甚至是娱乐时间的便利贴和上网浏览新闻的提醒，这些足以淹没办公桌和办公室

没有办公桌以后

许多像我一样从律师背景转型过来的调解人仍然像对待自己的律师业务那样定位并开展调解业务："办公桌、办公室都必不可少，每天需要在办公室的书山文海之中开展工作……"而我却选择听从了杰夫的建议，重新定义了办公室——连办公桌都没有留。这让一切都变得不同了！每天醒来，我会想："我今天不用坐在办公桌前、不用接打任何电话也不需要处理一堆文件，那么今天需要做些什么更有创造性的事情呢？"这是我搬走办公桌的根本原因，这让我不得不认真衡量自己的调解业务发展规划和目标。每天都需要三省吾身："今天我需要采取什么宣传营销策略？"这让我的每一天都能创造更多的价值，而不是安逸地坐在办公桌前日复一日地思考"如何才能创造更多的价值"。

——玛丽亚姆·扎德

的杂物统统都不需要。这些东西只会让你分心，无法聚精会神地处理手头的工作。

所以我的建议会比较激进：连桌子一起扔掉吧！大约十年前，加拿大的一位策略专家丹·沙利文给我开出了这样的妙计，我非常受用。没有办公桌并不意味着就无法开展工作，笔记本电脑、黑莓手机、电话这些工具都可以随时使用。没有了杂事，在调解主业上聚精会神自然能够事半功倍，并获取更多的成就。通常，面对堆满杂物的办公桌似乎很难产生这样的专注力。而专注力才是真正有助于步入金字塔尖的。

□ 布置"道具"的意义

调解人是非常个性化的职业。我们每天面对的是大多数当事人一辈子都经历不了几次的痛苦感受。虽然有些不可思议，但这些原本陌生的当事人会与我们建立某种亲近感。这种亲近感让我们有义务将自己真实的经历分享出来。所以，我的调解中心里布置了足够多的“道具”作为“索引”。而且，看来这样做的也并非我一人。

里克·拉塞尔介绍道：“我们的会议室比较小，而且装饰装修比较传统。但是我在会议室里布置了一些有特殊意义的物件，每一件都代表着曾经处理较为妥当的调解案件。有一株珊瑚是我在巴哈马处理某个调解案件后获得的，有一块麝牛的皂石雕塑来自巴芬岛，还有努纳武特的……当我看到它们的时候，能够让自己回忆起那些美好的往事。这些物件可以算作是我个人经历的索引。我信奉‘以心相交，方能久远’我并没有兴趣用办公室的面积或者名牌座驾去炫耀什么，我只需要干净利索地把争议给解决掉。我引以为豪的也只有这个方面而已。所以如果这些物件布置放在会议室能够引发人们的注意和好奇，我便能娓娓道出个中典故。”

我完全同意这种观念。正如前文提及，在作为律师的那段时光里，我不得不将自己的办公室装修得枯燥乏味，以免让当事人感觉到冒昧。然而讽刺的是，唯一一个感觉到冒昧的人就是我自己。“昧着良心”地装修出了一个令人羡慕的办公室，却让真实的自己离我远去。墙上的油画是为了和窗帘流苏搭配，与我个人的喜好相去甚远。实际上，我今天已经完全忘记了那几幅油画的内容。置身于这样的办公环境中，人们了解我的信息大概会是这样：这又是一个教科书式、刻板的工作狂吧。事实上，当时那样的装修风格反映出来的并不是真实的自己，而是伪装成热爱律师职业的那个自己。

如今，我每天都怀着愉快的心情开始一天的工作，其中一部分原因就在于自己的工作环境中陈列着这些寄托个人情怀的物件。每当我推开大门，映入眼帘的就是挂在墙上鲍勃·迪伦亲笔签名的吉他和一张圣安德鲁森球场的全景照片。这两件关于音乐和高尔夫的纪念品让我不会因为工作而忘记了生活中其他美好的事物。如果当事人愿意聆听，它们的背后也是一段我人生中非常有趣的经历。

有时候我觉得，将这些“道具”布置在办公室可以营造一种安全、充满希望的氛围。正对着墙放置的是刻有我名字和生日的旧棒球棒。许多当事人时常会拿起来摆弄，并调侃地问这有什么用，是拿来教训那些不听话的当事人吗？很多话题往往就从这里开始，我很乐意藉此来打破僵局。我能够自然而然地用一丝幽默就缓解了调解时双方剑拔弩张的气氛。“道具”也就此成为我和当事人之间私人联系的纽带，帮助我们打破僵局。

所有布置的细节都能够为当事人营造一种舒心、放松的氛围。瓶装水、软饮、上等的咖啡等，一切都是为了让当事人感觉像在家里一样。这种布置获益者也包括我自己，这让我能够保持心情愉悦。当然，这种布置也同时是一种策略选择。

或许这些道具未必能够引起每一个律师或者当事人驻足交流的兴

三个人的合作

最初，我试图和其他的调解人展开合作，并雇佣一批助理人员。我希望大家可以主次有别，他们可以像近地卫星那样以我为中心开展业务。但作为整体进行宣传营销有不小的困难。基本上，人们联系你就是基于对你个人服务的体验和信任。所以我的合伙人如同大浪淘沙，现在我们只有三个调解人相互合作：一名调解人主要在家事争议领域和工作场合的争议领域执业，也会帮助当事人进行沟通谈判；另一名调解人主要在商事争议领域和工作场合的争议领域执业，除了调解业务还做一些培训业务；还有一名调解人在商事争议领域的调解业务和培训业务齐头并进。因此，我们的业务范围似乎也并不狭窄，有时候也能相互分担一些工作内容。除此之外，我们也就没有太多的雇员或合作调解人了。

——里克·拉塞尔

趣，但是至少不用再担心这些关于棒球、高尔夫和摇滚乐的兴趣爱好会与我的工作格格不入了。通过这些物品，我展现出一个全面的、真实的自己。潜在收益之一便是：如果能够向当事人开诚布公地打开自己的世界，他们也会更信任地向我敞开心扉。当事人愿意将他们在争议之中的挫折、痛苦和盘托出，并信任我为争议解决提供的帮助。

有时候，仅仅因为我和当事人之间有着关于棒球、高尔夫和鲍勃·迪伦共同的爱好就能赢得信任。究其根本，是我愿意敞开自己内心世界的态度值得信任。当事人相信我不会对他们撒谎，即便他们的兴趣爱好可能是爵士乐和网球。

关于团队人员的取舍

每个拨通过我办公电话的人都认识我的助理，这是因为在过去十年的时间里，她是我唯一一个全职雇员。我所有的日程安排、会议组织、电话接听工作都是由她负责。某种程度上她就是我。但实际上，我们都没有生活在同一个城市——她每周一早晨 6 点搭乘火车赶到位于办公室附近的公寓，周四再搭乘火车回家，并在家里完成周四下午和周五的工作。这样的工作安排对我们两人都很轻松。并且，在下一章节里我将会分析，为什么她的帮助成为了我步入调解行业金字塔尖的关键。

在我进行调解时，调解中心里总是需要有员工辅助，我无法“孤军作战”。为此我雇佣了一位颇具天赋、能力全面的年轻男士，兼职负责财务管理和其他综合性辅助工作，还有前台接待等工作。他精通于电脑中的各种工具，我的工作也因此多了几分便利——他设计了我的网页。还有另外一个兼职雇员刚开始是作为高中生兼职，现在她已经大学毕业了。所有关于案件处理本身的辅助工作和卷宗整理工作都由她负责，这包括了发送通知和账单、维持办公设施的正常运转、有时候她也处理一些基础的电话咨询。

要对自己需要的雇员人手精打细算。往往，那些从律师、社会工作、保险公司或者其他领域转型步入调解人职业的人都习惯了配备全面的办公辅助人员和设施。米歇尔·奥布拉多维奇就说道：“我在一家不错的律所工作时，配备了一个秘书、一个档案整理员……但对于调解业务来说，这些服务都没有太多必要。我的调解服务意味着需要亲力亲为。毕竟，人们找上门就是希望和我来探讨问题，并由我来解决争议。”

保持较低的日常开支费用规模是许多优秀调解人奉行的运营守则。奥布拉多维奇继续补充道：“我现在连秘书都没有了。原先我雇佣了 4 个员工帮我处理当事人所需要的一切，包括端茶倒水和文件往来，现在这些事都是我自己动手。我觉得当事人享受的服务就是你的服务，假手雇员代劳的调解服务很难替代我们亲力亲为给当事人服务的体验，这是服务行业的特性——服务者的热情至关重要。”

保罗·莫妮卡蒂说道：“我和办公室里另外一位律师共享一位办案秘书。她全职负责我们两个人的事务安排，大约从周一到周四每天工作六小时，周五工作三小时。她负责所有的日程安排，并负责回答一些关于调解的咨询。她给我提供的支持对于调解这种个性化的专业服务而言非常重要，提供周到的服务是成功的关键。”

杰夫·嵇查文则说道：“我没有任何的雇员，所有的事情都外包给第三方服务机构去完成。我通过外包的秘书服务完成日程安排、账单寄送、费用管理这些工作，这些外包服务商都不在现场办公。我的财务管理工作也外包给了出去，他们很有经验，也有许多其他的专业服务人员作为客户。实际上我并没有多少文件整理或者秘书服务需求：我租住在一个行政套房里，物业就会把我的信件和业主的信件分类整理好，这真是惬意的调解业务发展模式。若有需要，只要付出合理的价格就可以得到相应的服务，而这种开支完全在自己掌控范围之内。我与外包服务商的辅助人员也保持着良好的合作关系，采取这种方式很顺利地开展着自己的调解业务。”

“保持较低的日常开支费用非常关键，”另外一位优秀的调解人说

从合伙模式到独立执业

我在 1970 年至 1990 年就开始从事法律工作，当然也一直在寻找转型的机会。一次偶然的机会，我参加了为期两天的一个调解培训课程。这个培训课程的主办方是通过这种方式吸纳新的调解人来处理他们超负荷的争议案件。调解内容让我非常着迷，并每个月逐渐开始尝试着调解一些具体的争议案件。在接下来的两年里，随着调解业务量的增长，我开始感觉到这会是一个前途光明的转型方向，于是我参与到更多的调解培训课程之中，并遇到了许多调解同行者。里克·拉塞尔就是其中之一，我们最终建立了深厚的友谊，并共同决定创建了我们自己的调解事务所——艾格利公司（Agree, Inc.）。

最初的商业规划是提供各种各样的争议解决服务，包括调解服务、培训服务和争议解决规划服务。之所以将业务范围扩大是因为在安大略湖南部地区的商事调解行业还不足以成为一个独立的市场。

一开始，我们就希望能够瞄准高端市场提供争议解决服务。我们设想大型律师事务所、大型跨区域的银行、地区和联邦的政府部门应该是我们的客户群体。在一年的时间里，我们的咨询服务成功获得了联邦司法部以及加拿大主要银行之一的青睐。由此我们就在法律服务行业中声名鹊起，公司的价值也获得了争议解决市场的认可。我们从此变得越来越忙碌了。

直到 1997 年，我个人的重心越来越多地向商事调解业务倾斜，并最终离开了艾格利公司，成为一名独立调解人。而商事调解行业在那个时候也已经愈加成熟。渥太华地区甚至已经开始推行诉讼前置调解的项目。我的家乡就在渥太华地区，当然我的调解服务更容易被当地的律师群体所接纳。在那里，我的调解业务平步青云。一年之后我搬回了渥太华地区，调解业务也蒸蒸日上。基本每天都有不同的调解案件。

——理查德·韦勒

道："要量入为出。我有一个很好的朋友，她是非常出色的法律助理。我需要帮助时，都会请她帮忙。我在市区也有一家办公室，但家里的工作间里足够我完成所有的日程安排工作和账单工作了。雇用一名秘书的成本大约是 60,000 美元一年。对于成本控制，我的计划是将日常开支费用控制在收入增长部分的 10% 以内。"

"我的办公室助理也不在办公室办公，她负责我所有的事务。我还雇佣了其他几个兼职的助理。我的夫人，她是律师也是我的合伙人，她帮我把握业务发展的方向，其他的兼职助理更多负责的是一些行政事务。"一个调解人中的翘楚分享了他的调解业务发展模式。

罗伯特 · A. 克里欧还建议道："你要考虑需要怎样的雇员来提供什么样的辅助支持。你准备找几个合伙人一起分担这些辅助人员的成本吗？对于客户的咨询电话，能够提供及时的反馈服务是很重要的。对于我们自己来说，很难同时服务两个以上的当事人。所以需要专门安排人员负责接听电话并及时作出回复。这样一来，当事人能够及时获悉我们的日程安排，也能够及时地得到有效的信息反馈。我有两个全职的行政助理，每周工作五天。他们并非律师或者律师助理。其中一人负责处理财务管理以及日程安排和咨询回复工作。另一个人负责网页的更新和其他一些日常工作。他们两人都能够在第一时间接听咨询电话，并就当事人咨询的问题提供基本的回复。毕竟，我的调解程序和业务架构相对还算固定。"

这不是一个寻常职业！

在撰写本章的时候，我很难绕过调解作为专业服务极具个性化这个特点。调解不仅给律师群体创造了一个逃离诉讼角斗场的平和的港湾，也让我们和一些社会工作者、心理治疗师和其他提供危机应对服务专业人士产生了共鸣。同其他的商业行业一样，我们确实需要整理一个商业计划。我们当然也需要配备会计人员、职业保险经理，以及辅助性的雇员和其他必要的商业辅助人员。在每一个方面贯彻我们的理念、我们的兴趣、我们的性格特点都是维持调解市场化运作的重要考虑（从这个角度来说，即使维持一个较低的日常开支费用，也要保证能够在人力资源方面有足够的资源投入。对雇员的关怀所带来的回报远远胜于调解案件所带来的收益。因为一个自愿为调解事业付出热情的雇员可以让调解业务又快又好地发展起来）。调解人对于这个方面的投入和态度也影响到当事人对于你的评价——从为人的角度来说，关于这些事情的安排和作为，包括办公场所的布置和雇员的配置，这些细节都能够呈现出一个独特的你。如果领会落实了这些建议，那么你就能够在事业起步的时候从人满为患的调解行业中脱颖而出。

·领军人物的成功窍门·

1. 选择适合自身的调解业务发展模式

不同的调解业务发展模式各有千秋：加入争议解决机构的调解人名册可以获得机构的案源支持和诸如开庭排期、市场拓展等人力资源的辅助。但附庸在调解人名册的业务发展模式也易于消弭个人的服务特色和价值。走精品化路线的调解业务发展模式也不错，调解人合伙人之间可以分担日常开支。不过采取这种业务发展模式的前提是合伙人之间不会恶性竞争。若是为了合作而合作，反而会成为时间和资源的一种浪费。选择合作对象时应首先衡量合作的经济价值。若自认为具有企业家精神，并对人际交往和业务拓展富有热情，就不一定要寻求固定的“组织”——因为开拓案源，并以此为生的重担只能由自己来承担，对这一点你早已谙熟于心！

2. 制订业务发展计划

许多人因为热爱调解而成为调解人，但鲜有人对于商业规划，或者其他的业务发展计划足够了解。无论制定一个本章讨论过的目标规划表，或是根据个人需要制作一套商业运营方案，这样的业务发展计划是必选项，并且每隔一段时间都应该总结具体的落实情况。

因为缺乏业务发展计划而导致半途而废的事例不胜枚举，模糊不清的目标规划和过程评价也会使人迷失方向。

3. 将调解环境作为服务内容

调解是个性化的专业服务。当调解环境本身可以烘托出你的个性，与客户在个性上的共鸣也同样有利于调解的过程。还需要确保办公室的一切布置需要让客户觉得舒适。

4. 拜师学艺是调解事业步入正轨的快车道

初出茅庐的调解人最应该做的一件事就是选择一名为之折服并志趣相投的导师。这种业务发展模式的优点明显：可以学到课本知识以外的实务经验，可以获得迅速扩展人脉的机会，可以有“名家大腕”为自己的调解服务背书。你需要尽可能地维系一种互利共赢的师徒关系。

5. 成为“导师”不仅是授人以渔，更是一种市场细分的策略

成为“导师”不仅仅是优秀调解人的分内事，更能够让自己重新为自己能力划定边界，向未来启程。回报之一便是市场细分的业务分级：你可以在更有潜力的业务领域里放开手脚，获取更多丰厚利润的案源，同时也保住那些可能会因为你的繁忙开始寻求其他调解人帮助的客户群体。

6. 寻求精简的雇员配置，并善待每一个雇员

如果以独立调解人的方式开展调解业务，维持较低的日常开支是首要任务。但千万不要克扣雇员的薪酬。最重要的办公室配置就是一位能够友善的、熟悉调解的雇员能够在调解人分身乏术的情况下作为代表回答当事人的电话咨询或是安排具体的调解日程。安排调解日程的这个人往往能够决定调解事业的成败，所以你需要尽量慎重地选择雇员。

第柒课 CHAPTER 07

业务守住钱　合作守住义

“调解人的收入并不是一个秘密，支票数额体现出调解服务的价值。如果为客户创造了合理的价值，那么收取费用就不会成为一个问题。”

——加里·弗朗

究竟一个富有企业家精神的全职调解人能够有多少收入？我们不妨换一个方式看待这个问题，就像罗德尼·马克斯提出的问题："如果我将 100% 的精力投入到为你争议解决的服务之中，你觉得我的一天值多少钱？"

在优秀调解人中有这么一群人，他们选择的市场方向利润颇丰，并且一直处理这些令人垂涎的业务。他们的调解费率最高已经达到 10000 美元一天。还有一小部分专注于全国业务和国际业务的调解人，年收入已经超过 100 万美元。但也有一些同样才华横溢的调解人虽然在自己的执业领域已经成为翘楚，但收入大概只有前者的一半甚至三分之一。你的调解业务能够带来多少收入取决于下面几个因素：选择什么样的市场和客户群体、调解业务所处的区位、调解技能的优劣、宣传营销的好坏，还有你如何衡量自己的时间价值、对待金钱的态度、选择的调解业务发展模式等。当然，还有很重要的一点是你如何给自己的调解费率定价。对这一点，罗德尼·马克斯说道："你希望自己能够找到合理的定位，但也会希望自己每天、每小时付出的努力能够得到人们的尊重和认可。有一些调解人试图进行价格竞争，但我相信最终仍然需要根据自己每天的付出确定合适的调解费率。"

我会给出底线中的底线：优秀调解人的费率肯定高于普通调解人，无论争议案件的大小。这是因为"一分价钱一分货"是颠扑不破的市场规律。客户如果愿意为调解服务有所投入，就会愿意将更多的资金花在那些他们认为能够公平合理并及时解决争议案件的调解人身上。而且，在大多数情况下，调解的成本远远低于一场诉讼程序的成本。正如同这位调解人所说的那样，"我提高自己的费率是想减少一些工作量，但仍然会有更多的案件将我淹没。"

看准利润丰厚的领域着手

“调解可以是一个利润丰厚的行业，”罗德尼·马克斯说道，但这并不容易。他继续说：“全美大概有多少调解人的年收入介于 25 万美元到 50 万美元之间？只有很少一部分能够达到 50 万美元的年收入，能够比这个数额还要多的人更是凤毛麟角。如果我们聚焦年收入达到 100 万美元或者更高的调解人，我想大概只有屈指可数的几个人而已。”

绝大部分能够“挣大钱”的调解人往往是律师或法官出身，他们的业务也主要是诉讼案件的调解。这一类案件本身较为复杂，利益重大，其中涉及的标的数额是那些从事社区争议调解或者离婚析产争议调解的调解人梦寐以求的。拉尔夫·威廉斯对此的评价很难被反驳，他说：“调解行业分化为两个部分，其一是那些法官出身的调解人和那些律师出身的调解人。除此之外，一些缺乏类似职业背景的调解人很难挣到钱。即便理论上在美国的某个角落，确实有心理咨询职业背景的调解人能够开门盈利，但那一定是特例。”［当然，这种“法律人除外”的规则确实有例外，贝纳德·迈耶和克利夫·亨德勒是比较出名的例子，前者成为调解人之前曾经从事的是社会工作职业。后者的调解生涯是从保险行业开始的，并且现在已经是加拿大地区最大的多元化争议解决服务提供商——加拿大争议解决中心（DRS Dispute Resolution）的主席了。］

尤其是退休的法官，即使他们的沟通能力和案源拓展能力并不优秀，但特殊的职业背景本身就能有先天的职业信赖感和职业尊荣感。这些前律师、前法官作为调解人之所以有体面的收入，最重要的原因还是他们所处理的争议案件、所接触的客户大多与原先职业所处领域相关——这些争议案件的当事人天然具备一定的财力基础和投入意愿。例如，集体诉讼、建筑工程质量缺陷争议、玩忽职守争议、共同侵权争议等都是如此。正如前文述及，律师群体是调解人案源的看门人。当手头的案件涉及巨大利益，他们通常就更乐意选择一些本已熟识的，并熟悉法律规则的调解人。

这些案件本身就牵涉巨大的经济利益。一般来说，如果处理集团诉讼和共同侵权案件的调解工作，自然能够收取更多的调解费用。这些案件本身对于代理律师来说也是值得投入成本来解决的——相对于律师从这类案件中可以获得的回报和需要承担的风险而言，调解费用仅是九牛一毛。建筑工程质量缺陷争议的调解服务往往也能够带来可观的利润，因为此类争议往往耗时费力，调解人的争议解决作用更类似于优化诉讼程序的诉讼管理人或者居中仲裁人。涉及多方当事人的复杂争议也不乏利润点，因为可能涉及的所有利益主体都可以分担调解成本。还有那些财富 500 强的大公司之间的争议案件，律师群体往往愿意选择收费最高的调解人来提供调解服务。为什么呢？如果这些案件最终没有调解成功，律师们可以体面地告诉当事人“这些案件已经由最贵最知名的调解人尽力尝试过了！”

“一键启动式”的模式？

选择机构化调解业务发展模式的调解人往往能够比独立调解人获得更多的调解费用收入。但调解行业中的翘楚无论选择何种调解业务发展模式都可以获得可观的调解费用收入。但处于调解人名册之中的话，年收入达百万美元的机会更大。关键之处在于你能够全身心地投入调解工作、为人所知，并免去了日常开支费用的负担。但无论如何，调解费用中必须要有一定比例的商业运营预算，这包括了宣传营销预算、广告预算、人力成本预算、办公场所预算等。对于绝大多数的调解人而言，选择加入专业提供争议解决服务的机构是更为合理的选择。像我们这样的争议解决服务机构可以提供一条龙服务。

——艾伦·布鲁特曼

落脚在厚利市场的迎风面

调解行业的发展也有鲜明的地域差别。加拿大和美国之间的差异就很普遍，美国国内各州不同的调解行业发展也各有不一。德克萨斯州和佛罗里达州起初是许多调解人奋斗的热土，但现在这里的调解行业已经逐渐饱和，大量调解人之间竞争激烈。我有幸在洛杉矶地区调解市场刚刚萌芽的时候就投身调解事业，并作为早期向律师群体布道的开拓者之一，慢慢培育出了这里的调解需求。第一个吃螃蟹的人本身就是巨大的优势。

克里斯托弗・穆尔评论道："在这个国家的不同地方总有一些比较适于调解的争议案件，也会有当事人愿意接受调解服务。那些法院推行诉讼前置调解的地方尤其如此。举例来说，如果某个州的法院要求家事争议或者商事争议在诉讼之前必须经过调解程序，这里的调解业务量显然会比那些完全基于当事人自愿才启动调解程序的地方多。如果一个地区缺乏有组织的或者机构的宣传营销，想要建立并培育调解服务的市场就需花费更长的时间。在我们早期投身调解事业的时候，在科罗拉多州就遇到了这样的境况。我们意识到靠一己之力很难在科罗拉多州建立能够持续发展的调解事业。所以，我们开始涉足全国性的调解和国际调解的业务。转型帮助我们建立了良好的用户基础，并最终帮助我们在起步的地方找到了崭新的调解业务发展方向。"

就像生活在洛杉矶地区和纽约市的居民往往比生活在犹他州、内布拉斯加州或者俄亥俄州的居民有更高的收入（当然生活成本也更高），在人口密度较大的地区，职业调解人往往也能够比其他地区的调解人收取更高的调解费用。例如，在洛杉矶地区的一个调解人可以轻松开出比身处印第安纳州的调解人高出两倍的调解费率报价。再如，匹兹堡地区一个优秀调解人在光景不错的一年或许能够达到 50 万美元的收入，同样的情况下，在洛杉矶地区的数字可以达到 150 万美元。

对于调解的立法态度往往也决定了某一地区调解行业发展的态势。

通常情况下，主流的调解费率在立法推行诉讼前置调解的州不会太高。这是因为调解人已经泛滥。现在很多州法院在大多数民商事案件中都会指令当事人进行调解，这种现象早已得到验证。如今，当律师群体在安排自己手头争议案件的代理策略时，自然会把调解人的选择和调解服务的选择纳入代理策略规划之中。在其他一些司法管辖区，调解行业的发展也取决于司法机关的态度。绝大部分的法官现在都会从他们的角度向当事人宣传将独立调解服务引入诉讼程序的价值，并常常鼓励代理律师在早期的庭前准备会议中试一试调解。在这一点上，培普丹大学默默耕耘了多年。他们主要针对司法教育研究中心（CJER, Center for Judicial Education and Research）开展了大量的培训和教学课程，并将独立调解的理念在加利福尼亚州的法官群体之中普及开来。不过调解理念的普及也促使许多法官辞职，并加入了独立调解人的大军。因为他们的职业背景能够在调解人的职业中换取更多的物质回报。这一市场驱动力已经成为一股潮流，诉讼律师在选择调解人时对法官调解人的青睐也是趋势所向。实际上，越是专业和成熟的调解服务使用者在选择调解人时越应注意考察调解人本身的调解技能。

当今世界还有许多国家也在模仿美国调解行业发展的模式培育本国的调解服务市场，这股潮流已经使世界范围内的调解行业越来越成熟。这也导致更多的调解服务提供商涌入市场，以更低廉的价格和折扣向大量的调解服务使用者提供服务、占据了一定的争议解决市场份额。调解服务趋于“日常消费品”的现象也导致整体服务价格的下降。独立调解人和调解服务提供商（调解机构）之间内在的竞争也日趋明显，所有人都必须在服务质量上精益求精。

设计好调解费率的坐标系

我的调解费率非常高。多年的调解经验和成熟的调解技能是支撑我高额定价的基础。并且，这样的定价策略非常符合我自身的市场定位。

定价策略的制定应考虑自身所处的调解服务市场状况和对自己市场定位的把握程度。如果职业目标是在自然人侵权争议案件中以量取胜，那么你的调解服务更有可能被视为一种“日常消费品”。可以在这个领域提供调解服务的调解人早已人满为患，定价策略自然应采取“薄利多销”的模式，这个现象在许多商业行业都很普遍。以个人计算机销售领域为例，戴尔（Dell）在与惠普（HP）、捷威（Gateway）、IBM 竞争时就是采取大幅降价的定价策略，这也让个人计算机日趋具备日常消费品的性质，消弭了厂商之间产品的不可替代性。无论是以执业领域还是以执业地域区分，若身处的调解服务市场已经饱和，就可以通过相同的定价策略赚取体面的收入。但放弃重大复杂争议案件的同时，你也会止步于通往优秀调解人殿堂的路途之中。

高额定价策略可以是制胜的法宝，最优秀的调解人几乎都默契地将调解费率定位在尽可能高端的市场。其中一位调解人说道：“如果你选择较低的定价，那么定价本身就会损害调解服务的市场形象。合理地选择定价策略是颇有学问的，当事人会根据价格对调解服务形成先入为主的印象。我的观点是根据自身所处市场和自身声誉选择同档次较高的定价策略。”

或许很难置信，在自身市场定位偏中高的定价策略适合每一个调解人。米歇尔·奥布拉多维奇这样解释道：“在阿拉巴马州，中等偏高的定价策略有益于建立良性发展的调解服务市场。这里的法院系统没有推行强制调解、没有制定行业准入规则、标准，也没有监管。我们努力保障有志于加入调解事业的人们能够接受价格低廉、有质量的调解入门培训课程，并能够找到可以指导他们入门的“导师”。所以，虽然时间短暂，但在入行的前六个月，这些调解新人们需要做一些公益性质的志愿调解和“低端”调解。根据每个人的实际业务能力，很快就有人能达到 200 美元一小时的调解费率标准。这划定了整体调解服务市场的价格体系，所有调解人大多都自发地提升调解服务品质，并维持调解服务价格的良性竞争。”

罗伯特·A. 克里欧说道：“我是有意瞄准高端市场采取的定价策略，采取了每人次按日付费的收费模式。也就是说，如果我有一个包含五方当事人的调解案件，他们每一方应支付的调解费用是每日 1500 美元，我每日的调解业务收入就是 7500 美元。如果这场调解花费了 6 个小时的时间，那么我每小时的调解费率就是 1000 美元。”

克利夫·亨德勒管理着一个调解人名册，他的观点是：“如果想要有利可图，你必须不断调解争议案件。位列调解人名册之中带来的案源有限，不能过度依赖调解人名册来获取可观的回报。我的收费标准比较高，是 5000 美元一天。这样的定价策略对应的是最顶尖的小众市场。我专注于一些重大复杂的争议案件，而这样的市场定位也能够支撑我的调解费率标准。我并不缺少客户。”

理查德·韦勒主要在安大略湖地区从事调解工作，他介绍道：“这里由法院确定的诉讼前置调解程序都规定了收费上限。在某种程度上我

你必须明白“时间就是金钱”

我相信最有效的收费模式应该是按案件标的统一确定费率，而不是小时费率模式。前者主要的优势在于你能提前确定调解费用数额，并可以要求当事人全额预交。这样一来，回款就不会成为问题，日常运营的现金流也得到了保证；同时，人们愿意预交调解费用也就意味着他们有足够的调解意愿，他们能够认真地对待调解程序；还有也不再需要在催收和回款方面浪费时间，你能够树立自己在高端调解服务市场的品牌形象。一旦确定了调解会议的日期后，取消预订的退费比例应该严格控制。也许很多调解人会认为这样的调解费用收取模式会降低自己调解服务的相对竞争力，但你必须明白“时间就是金钱，这就是调解行业的现实。”

——罗伯特·A. 克里欧

认为‘我也会接受这些调解案件，但价格应随行就市’在符合自身市场定位的范围内应该尽可能地提高调解费率。当然我也会尽力保证自己的调解费率标准具备竞争力。执行这样的定价策略让我和我的夫人能够过上舒适体面的生活。”

选择适合自己的收费模式

显然，你对自己时间价值的衡量结果直接决定了自己的定价策略，也决定了最终一年的调解费用收入高低。如果对自己的调解费率标准没有信心，或者在向客户寄送账单时感到不安，那么即使这个调解费率标准符合自己的需求，但很大程度上，你还无法成为调解领域中最具“吸金能力”的调解人。与当事人就价格进行协商的过程无须感到慌张。正如一位调解人说的那样，“为什么与当事人协商调解费率需要感到慌张呢？我们的日常工作不正是谈判协商吗？”

面对当事人的收费模式有许多，你总会从中找到最适合自己需求和固有客户群体的模式。而绝大多数的调解人花了数年时间试错之后，才能找到适合自己调解业务发展需求的收费模式。我对此的观点是，收费模式应让人一目了然。比如说，我个人认为按小时计费的模式过于复杂，所以不这样做。我采取的是按日计费的模式。个案账单我会在争议案件开始调解之前就寄送给当事人，从没有人没有按时付费，我不需要费心于催收和回款的问题。有时调解可能很快结束，当天下午我就会去打高尔夫球；有时调解可能需要持续到深夜，我睡不了几小时就得开始新的一天。但总体来说，按日计费的模式于我而言比较平衡。这种平衡对我来说已经足够。对于一些举手之劳的小事情，我不会向当事人收费，例如，帮忙审阅案情简介，以及调解过程中的一些零碎沟通。只有在极其特别的情况下，我才会就这些事项收取额外的费用。

费用承担和程序安排的谈判

在一些涉及多方当事人的重大争议案件之中，在正式开始调解之前我们甚至需要首先就各方当事人的交费问题和程序安排问题进行磋商——每一方当事人都必须决定参与调解程序并负担一定的费用，并愿意分享他们的资源。往往最开始大家各有主张，最后逐渐靠拢并达成一致。当调解程序正式开始的时候，通常各方当事人已经能够就争议解决资源配置问题达成共识了。

——克里斯托弗·穆尔

就收费模式而言，并不存在“应该”的模式。罗德尼·马克斯是阿拉巴马州最为知名的调解人之一。他将收费模式的问题称之为一个“动态问题”。他说道：“有人按日计费、有人按小时计费。而我的收费模式是从原先根据当事人数量，并按小时计费发展至采取按日计费。如今，我又采取了统一按照固定小时费率的模式进行收费。最开始的时候，我收费的多寡取决于当事人的数量，即采取减少每方当事人费用负担，但增加调解服务费用总和。如果一个案件里面有三方当事人，按 140 美元一小时计费的话，我的调解费率就是 420 美元一小时。但当事人常常因此发生困惑和争议，因此我改为每方当事人均按日付费。但局限也较为明显——我发现实际上某些付费时间会被浪费掉。于是现在我采取 475 美元一小时的固定调解费率，不再考虑当事人数量的问题。但这是一个发展的动态过程。从考虑当事人数量的低小时费率，发展到考虑当事人数量的按日计费模式，再最终发展到一个较高的固定小时费率。在过去三年里，我平均的年收入大约在 100 万美元以上。”

苏珊·哈默说道：“我采取过多种收费模式。事实上，我最近又做出了新的改变。我现在将计费单位由半天改为了一天。我从不预收费，因为我愿意相信客户。现实中也很少出现逃费的现象——这些年我大概仅因为这个问题损失了 1000 美元左右。”

史蒂夫·瑟沃瑞斯说道：“我是按小时计费，而且也不采取预交费模式。一般在调解之后，我才会给当事人寄送账单。最后当事人付费的情况虽然不能说完美，但从事调解的首要考虑是能够说服客户走进调解，并帮助他们解决争议。虽然回款问题有几次也让人头疼，但横向比较的话，作为调解人的回款情况要远远好于原来作为律师的回款情况。”

无论采取何种收费模式，前提都是调解费率应与你的市场定位相匹配——你提供的调解服务是否与其价值相匹配？从我个人的观点来看，如果调解服务与调解费率能够相互支撑，那么就不必区别争议案件类型适用不同的收费标准。这会模糊自己的市场定位。但是，我们之中确实有许多调解人都采取差异化的收费模式。这是因为我们意识到，在某个市场定位下也确实有特定争议案件类型的当事人愿意支付更多的调解费用。我认为最好的收费方式就是对所有争议案件类型都适用统一的调解费率，不需要考虑复杂与否。你或许会因此失去一部分争议解决市场，但对于价格不敏感的争议案件领域和诉讼律师来说，这份坚持能够赢得他们的尊重，也更可能获取这样的案源。

有一些调解人可能还是愿意采取根据争议案件类型差异化收费的模式。克里斯托弗·穆尔解释道：“我们的调解服务实际上只是成本覆盖型非营利服务。我们客户和案源的主体大多涉及行政机关、非营利性组织，以及不同的公共利益博弈和争议。即便是那些来自于企业部门的案源往往也是与公共职能部门或行政机关有关的争议。所以体现出来的收费模式就因案而异。有一些争议案件我们采取按小时计费的模式，另一些则采取按日计费的模式，还有其他一些涉及总体成本控制的模式。我们是根据调解阶段确定具体的调解费用数额。如果争议案件本身具有一定的复杂性，我们会首先进行评估、与当事人交流、制作一个待调解事项的调解计划表——包括争议解决的推进方向和可能障碍。最终会形成一个预算方案提供给客户，然后我们会和各方一起在整个争议解决过程之中就调解费用问题共同决策。也就是说，假设我们对争议案件的评估是大概需要花费 X 美元的成本，其中包括了召集阶段需要花费 Y 美元、调解会议阶段需要花费 Z 美元这样的内容。”

他继续解释道：“有时我们会和客户签订一个打包的调解合约，其中包括对调解会议次数的约定。比如说，如果我们知道这次调解需要安排三次涉及五十人的面对面会议、十六次涉及具体技术部门的会议来讨论细节问题、每次会议的时间大约是为期两天，我们就能对准备工作、会议时间、具体安排、差旅问题等的成本做出估算。然后，基于这些估算结果，我们会与当事人达成总体一次性付款的调解合约。有些时候，我们会与当事人签订固定总价的合约，或者议定一些需要我们向当事人申请的，延长原定调解时间或者增加调解费用的具体条款。”

即使是与当事人正式签订调解合约的方式，对于穆尔的调解事务所来说仍然具有灵活性。他说道：“我们有时会在签订调解合约的基础上，根据情况再次和当事人协商额外的调解期限。或者说，如果当事人希望继续扩充我们的调解服务内容时，他们需要再增加调解费用。这些都需要根据争议案件的进展来确定，并取决于争议案件本身的特点和客户对于我们调解服务的体验。关于调解预算执行的问题，我们和当事人之间时刻保持着沟通。”

关于收费模式的传统和实践，不同地区也会产生一定的差异。迈克尔・兰德勒姆解释道：“在加利福尼亚州最普遍的收费模式是按日计费。而我在明尼苏达州采取了很长时间的这种收费模式，却仍然被律师群体所诟病——他们都是按小时计费，总是抱怨我说道：‘如果按日支付你调解费用，但实际上只需要花 2 个小时就可以解决问题，那么你的小时费率就实在太贵了！’我最擅长调解的案件是涉及多方当事人的建筑工程案件，根据当事人数量按日计费是我长期实践形成的最佳收费模式。并且，我还会根据当事人的具体数量确定一个折扣。但他们仍然难以接受这样的收费模式，还是要我按小时计费。”

米歇尔・奥布拉多维奇也介绍了阿拉巴马州的情况，她说道：“我曾经在本地和周边的案件中都执行按日计费的调解费率标准。我专注的调解服务市场大体上还是以按小时计费为收费导向的。我认识的许多意图推行按日计费模式的人最终都还是恢复了按小时计费的收费模式。按日计费在美国其他一些州会比较流行。如今，我仍然在集体诉讼和涉及多方当事人的争议领域耕耘，经常需要飞来飞去。所以，我采取了预收费模式，调解费用到位后再去预订机票。”

拉尔夫·威廉斯说道：“我的收费方式比较灵活，按日或者按小时计费取决于当事人的需求。我会尽可能尊重当事人的意愿，询问他们希望如何付费，按小时计费？按半天计费？按整天计费？给当事人提供充足的选择。我的定价策略是符合当事人预期的——采取中等偏高的定价策略。具体调解费率标准应介于最高费率和最低费率的范围内。定价过高的话，我可能会关门大吉；定价过低的话，当事人也会觉得哪里有问题。目前我的调解费率标准是符合当事人预期的。”

尼娜·梅尔丁的调解业务中 80% 都是家事争议案件，只有 20% 是包括了诉讼案件在内的其他类型争议案件。而她的调解费用收费模式就体现了这两类非常不同的客户需求。她说道：“我一般按小时计算当事人的调解费用，并且没有采取预付费的模式。他们在每次调解会议结束之后根据当天花费的实际时长直接支付调解费用。通常情况下，类似的调解会议都是两个小时左右。但是，若有律师介入，他们往往希望多花一些调解时间（他们通常希望会议时长控制在一个半天左右或者一个整天左右）。在这种情况下，我会根据他们预约的时间全额计费（不考虑调解提前结束的特殊情况）。这是因为预约的时间段我必须空出所有安排。当然，无论是哪种收费模式，我都会在当事人付清了上一次调解会议的费用之后再安排下一次的调解会议。”

杰夫·嵇查文以整天作为调解费用的计费单位，并区分普通案件和复杂案件确定了高低不同的调解费率，这是基于三个方面的考虑：“这样收费模式囊括了一个小时的准备时间和八个小时的调解会议时间，当事人需要预交费用。我从来不会为了赚钱故意拖延调解的时间，也从未有人因此投诉。”调解人确实在某种程度上能够控制调解的节奏和时长。

他继续解释道："对于超过基本费用的时长，我按小时计费。如果调解会议超时了 15 分钟或者半小时，是否还需要额外收费是有争议的。如果你能够大度地放弃收取这些小额的调解费用，人们通常会心存感激。但有时超时可能持续到深夜，会且已经超过了正常的工作时间。对于这种情况，我相信律师们不会放弃收取合理的代理费用，调解人当然也不会。"

来自科罗拉多州的调解人乔·爱泼斯坦说道："对于双方当事人的案件，我按统一调解费率收取调解费用；对于复杂的争议案件，我会考虑案件的复杂程度、涉及的利益大小和当事人的数量来设置调解费率。如果当事人数量众多，我会提高基础调解费用。这样做是因为我身处的调解服务市场更多的是一些调解费用本就不高的争议案件，所以基础调解费用实际上比较低。如果争议案件本身涉及的利益重大，人们通常也愿意为争议案件的复杂性和攸关利益投入更多调解费用。"

让客户自己开价

对于长期合作的"回头客"，我和他们之间达成了默契——他们可以选择我调解任何需要处理的争议案件，并由他们自己决定要支付我多少调解费用。这意味着，一些通常不需要我出面的争议案件他们可以自行和解，只有真正值得投入成本的争议案件才需要来找我（例如，那些没有任何胜算的诉讼案件，只能通过调解寻求争议解决方案）。我的立场鲜明：我的调解服务是帮他们[1]忙，而不是当事人。他们如何向当事人收费，我并不在意（当然希望他们不要亏本）。至今从未有人故意利用这种善意的收费模式，我提供的调解服务业总是能够获得与之匹配的调解费用收入。

——杰夫·夏普

1　律师。——译者注

还有一名调解人说道："我对于州内的本地争议案件和跨州的争议案件采取不同的收费模式。这是因为本地案件的处理相对便利，我并不介意为此在调解费率上打一些折扣。确定定价策略恐怕是最有难度的决定。对于我的实践而言，确实也缺乏足够的理论依据作为支撑。"

最好的投资是地利与人和

获取利润的同时往往意味着放弃了某一部分的争议解决市场份额。于我而言，这最终意味着在资源投入方向和预期物质回报之间的平衡。这会反映在两个方面的选择上——人力成本投入和工作环境投入的选择。

人力资源的投入

以前作为诉讼律师的时候，我会雇用助手处理一些琐碎事项。比如，我有一个秘书、一个律师助理和一个专职研究员。进入调解行业后，我的调解业务仍然需要雇用助手。在他们的帮助下，调解事业才得以步入正轨。对于辅助人员的配置，我从几个不同的角度去考虑。我会雇用一个员工，让她代表我处理很多事项，而不是再分别雇用秘书、财务人员等。这个员工将会作为我的代表，代为处理包括召集当事人、安排调解日程表在内的工作，同时她也能够处理业务咨询、与当事人沟通，以及其他一些适合代为处理的事务。这样的员工需要有非常不错的个性，并且热衷于通过电话与人沟通。

不得不承认，英才难觅。他们不必在任何一个方面都做到极致，但必须能够具备优秀的销售员品质。他们需要对所宣传营销的产品（也就是你）有信心，并且能够尽力为你的调解服务提供支持。同时，他们还必须善于与人打交道，即便是面对陌生人的情况也应该如此。

找到并留住这样的优秀员工需要舍得在人力成本上进行投入。考虑这个问题的时候也是我真正开始考虑希望自己如何围绕调解业务的发展来配置现有资源的时候。如果我在股票市场上投资 40000 美元，是否能有回报以及能有多少回报都不为所控。事实上，如果这笔投资能够获得 7% 的收益，我就已经很满足了。

而我意识到，如果将这 40000 美元作为员工的税前收入，以每两周一次、共计 26 次的周薪发放的话，这笔投资的回报就有了相当的保证，甚至能够实现 150% 的投资回报！

如今，我找到了这样优秀的员工。我并不认为她只是一个 40000 美元年薪的员工。我像对待搭档那样对待她，并且根据她的业务产出支付额外的奖金。这样一来，我们的利益就与调解业务的发展紧密联系在了一起。她的收入大约与一个六位数（美元）年薪的律师相当，这是因为她极大地促进了我调解业务的发展。如果衡量这项投资的回报比例时，我更多感到由衷的欣喜。如果她只是一个 40000 美元年薪的命令执行者，调解业务量毫无疑问会降低 40%。若缺少了这个数量的案源，那么调解业务收入一年将会减少几十万美元。所以，这位搭档不仅仅是接听

金钱不是唯一的业务发展目标

我不是资本家、更不想压榨员工。我鼓励他们每个月用一天的带薪假期去做一些平时不会参与的志愿调解活动。我自己出行游玩也会带上他们。“赚大钱”是业务发展目标之一，但绝对不是唯一目标。如果我纯粹从商业角度考虑或者从收益最大化角度考虑，当然可以挣更多的钱。但我并不愿意因此而降低员工的工作热情。

——克利夫·亨德勒

电话而已。她围绕着如何增加调解业务量在工作。这是因为，她相信调解业务的价值，也愿意投入个人精力来保证我们调解业务的发展。你需要从员工对调解业务发展的作用角度去考虑人力成本的投资回报比例！

我当然必须对调解业务的发展负责，但一个优秀的助手保证了目标实现的可能。所以我非常乐意为优秀人才增加人力成本。目前的这位助手与我已经搭档超过十年了，这样的组合带来的效益远远超过了我最初的预期。

工作环境的投入

工作环境的投入也是我需要强调的重点之一。我的调解中心配置了几间大型会议室和两间背对背调解室来满足当事人在调解过程中的需求。会议室里的每一把椅子都是我精挑细选后购置的，它们非常舒适。或许这些家具的购置需要额外花费 15000 美元，但换来的却是当事人调解过程中的舒适。这也体现出对当事人的关怀，并能够让他们下次还愿意再到这里来。我认为对工作环境的投入和客户体验的质量与调解业务的发展是密切相关的。

这种投入并不需要过分奢华。米歇尔·奥布拉多维奇说道："我并不介意为了调解业务的发展投入资本，但付出的每一分钱都应该物有所值。我喜欢按照自己舒适与否的程度去判断是否物有所值，这可以让我对调解业务发展过程中的资本投入有一个灵活的掌握。在我的调解中心，日常开支费用里包括了给当事人供应午餐。当事人有一个菜单，可以享用多种选择，包括三明治、通心粉沙拉，等等。我们还提供一些烘焙小点心，在午餐之后还有一盘巧克力脆饼。曾经有一个当事人不吃螃蟹，于是我们还给他买了一包芝士棒。这些安排都能够让人们有更好的服务体验。而且对我来说，也是非常值得投入成本的！"

埃里克·高尔顿和他的合伙人拥有湖畔调解中心，一个坐落于奥斯汀湖畔可以俯瞰湖景的调解中心，常被称为“极具禅意”（Zenlike）的工作场所。在《德州律协期刊》（Texas Bar Journal）上的一篇文章里，格雷格·布儒瓦（调解中心的管理合伙人，另一名合伙人是本·卡宁厄姆）述及：“当人们走进这里，他们的心态就已经发生了根本的转变。多年来，我每次进行调解教学的时候就会强调工作场所对调解的重要性。在创建这湖畔调解中心之前，可能没有人意识到这一点。”这里的会议室延伸至湖畔的观景台，当事人可以在这里俯瞰湖景，隔壁还有一家烘焙店。卡宁厄姆补充道：“身处 25 层的办公大厦里一间 8 人对坐的会议室，显然是能够让人的心态发生变化的。”

有时候，着眼于长远角度考虑（跳出调解中心本身），对于工作场所的这些投入是微不足道的。埃里克·高尔顿在回忆到一场冲突激烈、且毫无希望的调解时，忽然这样说道：“我忽然记起这样一个画面。当时我理智地告诉自己，在这场调解中一定要谨言慎行、谋定而后动。在调解陷入僵局时，我拿起车钥匙，邀请当事人走出了调解中心，然后说‘走吧，我们一起去附近转一圈。’他们一人坐在前座，另一人坐在后座，两人一路都沉默不语，也不问我们去哪。我将车开到了高速主干道的路边停下来，顺着路边的小道，我们走到了奥斯汀最为知名的一个佛教寺庙。我转身对当事人说‘这就是你们解决问题的出路了，试着感受一下，我们的调解就到此为止，一个小时后我再回来接你们。’”

他继续回忆：“一个小时后，我回去接他们，发现他们都没有在停车场等我。我在旁边一个非常宁静的花园里等了 30 分钟，然后顺着台阶走了进去。进去后我发现他们都盘腿面对着墙坐着，两人间大概只有几步的距离。我也过去坐了下来，什么也没有说。最后，其中一人忽然和我说，所有问题都解决了。我们又坐了一会儿，然后回到了办公室草拟并签署了调解协议。”

高尔顿总结道：“我试图去回想那天发生的所有细节，找出转折点，但最终无功而返。这样的经验让人难以置信，但却让我更加坚定了对于调解程序创造性的信仰——只有想不到，没有做不到。”

努力营造多方共赢的局面

在高端的调解业务中获得收入并不意味着唯利是图。例如在前文中提到的，每一个优秀的调解人在职业生涯中都经常会处理一些公益性质的争议案件。为什么呢？因为调解是一种服务性工作，为人们提供服务是调解人的工作目标。如果有人无法负担我们的调解服务，在时间允许的情况下我们施之援手是一项微不足道的宣传营销投入，而且这也是符合调解人的职业使命的。

最为优秀的调解人可能会设置天价的调解费率，但他们也是在努力追求公平和谐。正如克里斯托弗·穆尔说的那样，“我们的收费需要有逻辑和理由支撑，人们能够明白为什么我们可以并应该收取这样的调解费用。让客户知道调解业务模式的初衷也有助于让他们接受我们的调解费率。”

加里·弗朗说道：“‘君子爱财，取之有道’，这体现的是调解服务的价值。如果客户感觉到从调解中获得了价值，那么费用永远都不是一个问题。我们选择一个中等偏上的市场定价，是因为接受调解服务的客户群体需要认真地对待调解程序，而不是抱着试试看的心态在调解程序中走马观花。”

他继续解释道：“我们这些专业人士对于自身价值需要有清晰的认识，这是客户群体尊重我们的前提。在价格上恶性竞争是没有意义的。从根本上看，调解服务现在不是，而且恐怕永远不可能成为‘日常消费品’。没有人会说‘我希望找到最廉价的脑外科手术医生。’他们也不会屈就于廉价的律师或者工程师。这意味着专业服务的质量永远是价格合理与否的衡量尺度。”

总而言之，真正的奥秘在于：想要通过调解人的工作体面生活并获取收入，实际上并不全都是以金钱多寡来衡量的，重要的是能否为参与调解程序之中的所有人创造价值。

这无关金钱

我投身调解事业的主要原因与金钱无关，我原先的职业可能更有“钱途”。如今调解行业似乎盛行拜金主义。越来越多的调解人在探讨如何“挣钱”、如何增加案件数量。这本身并没有什么错。但勿忘初心，我们投身调解事业是因为这是一个“正义的事业”。

我花了很长的时间在追求事业上的成功，现在则更希望能让自己获得成就感。我喜欢调解，我也生活得很体面。对于现状我没什么不满意的。尽管身边有很多调解人收入远高于我，我认为做得开心更为重要。因此，我会拒绝接受一些自己并不喜欢的案源。我认为这是保持职业自由和独立的选择，我就是我，选择是一种工作生活的态度。

曾经我追求事业的扩张——建立了事务所，雇用了22个员工、装修精致的办公室……但华发不待流年，我开始意识到“开疆扩土”并非自己本意，我只是想调解好每一个争议案件。

——迈克尔·兰德勒姆

·领军人物的成功窍门·

1. 选择利润丰厚的市场方向

最优秀的调解人往往是律师或法官出身，他们的业务也主要是复杂诉讼案件的调解。他们的调解费率很高，收入不菲，当然也承担了最多的工作压力。如果作为调解人的目标是“挣大钱”，那么选择诸如家事调解、离婚析产争议或社区争议调解市场方向的话就不是很合适。建筑工程质量争议、群体性侵权还有集体诉讼的调解需求才能给经验丰富的调解人创造较为丰厚的利润。

2. 制定中等偏上的市场定价

以我的经验看，较市场价格略高一筹的定价策略是成功的秘诀。刻意压低调解费率不利于口碑的建立，同样也对整个调解行业的发展不利。脱离市场盲目定价的调解费率恐怕也是一种短视且无用的定价策略。仔细衡量自身的市场定位，设定中等偏上的调解费率，并根据个人能力发展周期性地调整费率。时间就是金钱——你认为自己的时间“值多少钱”，那么就设定相适应的调解费率。

3. 人力成本和工作环境都值得投入

你的雇员不仅仅是工作体系中的重要支持，更是帮助你宣传营销的得力助手。找到并留着这样的优秀员工是需要舍得投入的。像对待搭档那样对待他们，并给予相适应的待遇。降低日常开支并不意味着“一毛不拔”。相同地，对于工作环境的投入也是有效利用资源的明智之举。如果自己运营一个小型的调解中心，一定要确保客户能够像在家里一样放松——一把舒适的座椅和一杯热腾腾的咖啡或许就会让陷入僵局的调解变得柳暗花明。

4. 营造多方共赢的局面

关于如何将兴趣与工作结合，并能够从中“挣大钱”还有许多经验可以介绍，但财务上的数据只能是成功的一部分。要学会与业务伙伴以及员工分享物质和精神上的财富。还要懂得享受生活。

第捌课 CHAPTER 08

从容应对波峰与低谷才是可持续发展的关键

“所有的商业发展过程中都存在波峰与低谷。是从容应对还是另谋出路，就这么简单。”

——加里·弗朗

我曾经在某个星巴克咖啡店附近偶遇了一位调解人亨利。我打招呼问道：“最近业务如何？”他摇了摇头。

他说：“我已经不再从事调解业务了，现在还是全职回到诉讼业务之中了。”

“真遗憾，我觉得你非常具有谈判天赋呢。”我回应道。

他接着说：“谢谢。我真的喜欢调解，但这一行充满了太多的起起伏伏。对我而言，按时领取薪水的工作还是更可靠一些。不像从事调解业务的时候，今天调解完后就只能干等下一通响起的电话……”

“转型的过程确实是非常艰难。”我说道。

亨利好奇地问道：“你是如何度过转型时期的呢？即便算上我夫人全职工作的薪酬，我们的财务状况似乎也是每况愈下。我的收入减少了数万美元。诉讼业务确实让人感到压抑，但至少能够指望靠它生活。你知道，踏入调解行业前都觉得调解人可以过着非常体面和优渥的生活，

风物长宜放眼量

凡事都是呈现周期波动的，而且往往很难把握波动趋势。光景好的时候即使年关将至，调解的人仍然络绎不绝；光景不好的时候可能夏天刚刚开始，冷淡的市场就让人不禁打起寒颤。“风物长宜放眼量”，我发现调解业务虽然盛极必衰，却又总能否极泰来。所以我学会了平衡取舍——如果调解业务开始减少，我就专注于撰写文章、参加演讲、努力宣传营销。如果调解业务开始增多，我自然又回到了调解之中。

——杰夫·艾布拉姆斯

你们这些人究竟是怎样做到的？”

类似亨利的故事，我还听过许多。“将要”成为专职调解人的想法是如此诱人，吸引了大批雄心勃勃的调解新人。他们就像扑火的飞蛾，绝大部分在一年之后大约都风雨飘摇，或者直接改弦易辙。无论是收入过于微薄，还是极度缺乏确定性，都是催生这两种状态的重要原因。不过，这还仅仅是调解人群体根据个人需求而产生的认识上的波峰与低谷。

你可能是这个世界上最为优秀的调解人，但或许仍需要许多年才能够真正融入市场并走向成功。你需要幸运地选对符合自己的市场，在调解行业的发展过程中选择合适的时机入行、具备促使当事人达成和解的调解技能、善于周旋于人际关系之中并让所有可以为你带来案源的人都有所收获、愿意投入足够的时间树立并维持自己的口碑、宣传营销调解服务的理念，并且具备商业上的雄心。具备这一切就能成为调解人中的翘楚——达成以上这些目标，保证自己调解业务能够可持续发展的前提涉及一个基本的能力，那就是要从容地应对业务和职业发展过程中的波峰与低谷——无论光景好坏，上一个成功促成当事人和解的人没有变，还是你自己。

周期波动与淡旺季

迈克尔·兰德勒姆说道：“有几次调解业务有所停滞，我变得非常担心。但过了一段时间周期就结束了，一切又恢复了正常。”许多和他一样的优秀调解人都曾有过相同的经历。想要在调解行业中生存下去，就必须学会适应时雨时晴的变化。

如果不能抵御内心萦绕的恐惧，那么即便只是一天的空当也会让你忧心忡忡，如此就根本无法坚持自己的调解业务，也无法真正获得成功。和所有人一样，我也无法避免“晴转多云”的状况。但我会尽可能冷静地分析原因并保持乐观——我从内心里坚信，明天还会有新的调解案件到来。坚持下去，就能看清周期波动的规律。保罗·莫妮卡蒂说道："在从事调解的20年里，我亲眼见证了周期的循环往复。想要保证平稳度过周期波动，就必须坚信'多云转晴'终有时。"

理查德·韦勒也感同身受，他说道："我的工作量一直较为稳定。但在夏天的时候，争议案件数量会有所减少。我也经历过门可罗雀的尴尬，但要能顺其自然。从结果去衡量的话，所有事自有起伏好坏。但要像运动员一样，明白运动生涯的低谷永远不是停下训练和备战脚步的理由。"

如果调解业务与律师群体和金融市场密切相关，这种周期波动尤其需要事先防范。调解业务的淡季何时到来并非不可预测。米歇尔·奥布拉多维奇说道："七月往往对于调解人来说最难熬：[1] 如果一个调解案件涉及二十五个当事人，一定会有人因为家庭聚会或者其他原因产生时间上的冲突，以至于根本就无法安排任何的调解会议。十二月的话则更是冰河期：要么因为家庭原因，要么因为节假日原因；无论从家庭开支的角度，还是从假期安排的角度，人们基本不会在这个时候愿意参与调解。"

心怀耐心、信心和恒心

如果有调解人天真地以为职业生涯甫一开始，案件数量就能很快从0增长到60的话，就必定会被残酷的现实狠狠地教训一次。事实上，在这本书里分享经验的每一个调解人都强调保持执业记录连续的重要性，并不约而同地指出想要不断成功并在调解行业中树立一定的声誉通常需要耗费3到5年的时间。有一位很年轻但非常成功的调解人这么说道："我全职作为调解人已经有四年的时间了。这在很多其他行业来说并不算长。但在调解行业中，如果能够始终以调解业务为生的话，所有人都会对你的职业发展经历感到好奇。"

---

1 美国独立日假期。——译者注

答案是什么呢？我认为就是耐心、信心和恒心。优秀的调解人身上折射出这种坚韧不拔的品质就是他们得以渡过早期难关，并如此成功的关键因素。

苏珊·哈默说道："我每周都能接到咨询调解行业前景如何的电话，基本都是希望能从我这里'取取经'，并决定是否转型调解人的内容。我开口说的第一句话就是'这是非常不错的职业，但不要急于放弃原先的工作。'想要在这个行业里生存下来大约需要做好三到五年的准备。"

尼娜·梅尔丁则给出了这样的建议："要合理安排自己的时间，对调解业务发展过程中的不同侧重分清主次。否则的话，淡季到来时你就会感到手足无措。我从事调解的第一年只有 600 美元的收入。四年后，年收入离六位数的门槛还差许多。那时我一直扪心自问，投身调解的目标是什么？在收入达到六位数之前，我还愿意投入多少时间和资金？你会需要有超越常人的耐心。从过去十年里，我没有任何一个月的工作量出现波动，执业记录十分连贯、掷地有声，我的收入也一直保持在六位数以上。"

残酷的事实是，绝大部分想要成为调解人的人都不愿意，或无法投入那么多的时间、精力。对于每一个调解人而言，跨过坎坷的起步阶段后，还可能有五年左右的时间才能够从五位数迈入六位数的年收入门槛，能够坚持下去需要个人做出许多牺牲。你必须要坦诚地面对自己的财务需求；你需要接受种种挫折，忍耐艰辛的奋斗时光直至从容地渡过难关。这对任何一个人来说已经是极其艰难了。如果你还有家庭需要照料、还有贷款需要偿还或者还有其他财务上的困难，那么想要直接度过转型期成为调解人几乎是不可能完成的任务。尤其当你原先从事着较高薪酬待遇的专业性职业，这个转型期的收入对你来说几乎就是"颗粒无收"的状态。

调解行业往往是赢者通吃的行业——只有一小部分最受市场欢迎的调解人才能够生存下去。他们不仅明白所谓调解并直至争议能够解决需要付出怎样的艰辛，还深刻地理解在调解行业中坚持下去意味着什么。

恒心和耐心

对于参加过调解培训、有较好的领导力，并善于沟通的调解人，只要遵循周密的调解业务发展计划，并全力以赴总能够等到“出人头地”的好日子。通往成功的道路，无外乎恒心和耐心。

——本内特·皮克尔

梅尔丁还建议道：“你需要有毅力。我头三年都是在保持原先法律职业的基础上兼职从事调解工作。直到我全职投入调解工作的时候，我还是靠原先作为教师的退休金在坚持。我当时的想法是‘咬定青山不放松的话，总有一天能够看到曙光。’现在也确实如此。”

拉尔夫·威廉斯说道：“坚持很重要吗？当然如此。起初我担任自己律师事务所的管理合伙人一职已经二十五年了。在 1990 年的上半年，我尝试着在原先仲裁工作之余开展调解实践，但分散了太多的热情、精神和精力。直到 1996 年，我终于作出了决定，要全职投入调解事业。然后，在 1998 年我成为全职的调解人。在最开始的五年时间里，我告诉自己已经做好付出一切的准备。实际上最终花了四年的时间，我就渡过了转型期。虽然过程非常艰难，但是四年的时间也并没有超出我原先的计划。因此，我从未垂头丧气，因为调解事业发展的进度仍然处于预料之中。当然这个转型期从我 1998 年离开律师事务所开始算起，只算到创建多元化争议解决机构那年的话（2000 年创建，并非 2001 年），那么转型期还要少一年。”

坚持并非做做样子就可以的。罗伯特·A. 克里欧说道：“成功的调解人为了调解事业都在精神上和心理上倾注了大量的心血。你必须愿意为了实现目标付出一切，必须从个人精力上、心理上、情感上都作出巨大的牺牲。”

或许我能想到关于坚持最为鲜活的例证是在本书出版过程中，来自罗伯特·詹克斯和他位于路易斯安那州梅泰里(Metairie)的事务所的故事。他们遭遇了 2005 年的卡特里娜飓风灾害。他与我分享了在这个翻天覆地灾难中那段意味深远的经历。当时，一切的商业活动，包括他的事务所都在这场新奥尔良的灾难中被摧毁。但是，他和合伙人团结在一起，努力保持各项业务的顺利推进。他们在巴吞鲁日 (Baton Rouge) 租用了新的办公室，尽力维系梅泰里办公室时期的调解业务。他们的员工齐心协力，在美国的各个角落通过网络或电话的方式，井井有条地推进各项工作，保证每一个调解案件都能够得到及时的安排，并将混乱的状态拉回正轨。詹克斯说道："我们都被吓坏了，但却因此更为团结。这个时期就好比遇到了减速缓冲带，一旦我们坚定不移地作出决定，想要攀登这个高峰，那么所有铜墙铁壁在我们眼里都只不过是减速缓冲带而已——我们知道这不会真的阻止我们走上巅峰。"

如何合理规划闲暇时间

每天都有新案件本身就很困难，即使你现在的案源已经填满了未来三个月的调解日程表，最终也难保某一天不会空闲下来。如果积极看待的话，事实上这样忙里偷闲的时光同样能够像调解实际案件那样丰富和提高自己调解服务的内涵。

一位优秀的调解人这样说道："我会很好地规划闲暇时间：我会整理自己的案卷、面试实习生或者法学院毕业生、写一两篇时事通讯或专业文章、给自己安排几次演讲活动，做好准备应对未来的任何变化。"

保罗·莫妮卡蒂说道："有时候我真的希望能够多有一些私人时间陪伴家人。事实上，我觉得调解业务的淡季反而让我能够享受生活，有闲暇去关注生命中其他美好的事物。这可能比一直在调解案卷中埋头苦干带来的收获更为丰富。"

为什么不抓紧机会好好地放松一下呢？这是放飞思绪给自己充电的

天赐良机。每当放下电话或者关掉黑莓手机的时候，你就应该劳逸结合，这才能够成功。这个时候，你唯一的工作就是发挥兴趣特长，或者陪伴家人和朋友。这样的安排实际上与在日程表上多争取一个调解案件同样重要。

欲速则不达的道理同样适用于调解行业，学会更好地利用闲暇时光能够更快地让自己达成所愿。玛丽亚姆·扎德说道：“你从一开始就应该设想自己空闲下来的时候应该做些什么。最佳的选择就是找出当初调解职业发展的目标规划表。告诉自己‘我已经完成了计划表中 1、2、3 的事项了！’，然后坐下来静静地考虑‘接下来应该集中精力推进 4、5、6 的事项，下一个月我应该努力推进 7、8、9 的事项。’按照目标规划表按部就班就能稳步向前。”

有一些调解人不仅能够积极乐观地面对周期的变化，甚至能够将波动起伏也规划进来。拉尔夫·威廉斯说道：“你越成功就越容易受到这种周期波动的影响。我一般周五的时候就会给自己放假了。因为连续 5 天工作的话，实在让人精疲力尽！当初决定减少一个工作日的时候，我很担心是否会因此影响到好不容易打开局面的调解业务。结果呢？什么也没有改变。我没有失去任何案源，周五就成为了我处理日常行政事务和知识充电的日子。”

苏珊·哈默同样在调解之余给自己安排了一定的休息时间。她说道：“我想要控制在每周调解 2 到 3 个争议案件的状态。调解工作实在是太消耗脑力了。当事人有理由、也希望我能够以最好的精神状态为他们服务。我也希望促成最好的结果。对于我来说，一周两三个案件的收入已经足够了。我利用剩余的时间参与到非营利性机构的管理工作中，并抽身陪伴家人和朋友。我发现这样的安排才是可持续的，而且也能够静下心来更好地往前走。”

罗德尼·马克斯建议道：“你要扪心自问：‘如果遇到空档期，做些什么能够提高自己调解服务的价值？’在这样的日子里，我会选择给那些调解未果的当事人打电话，继续劝说他们回到谈判桌前。或者给那些将要参加调解的当事人打电话，让他们更好地进行准备。这样做的结果是：当事人总是对我很感激，称赞说‘罗德尼·马克斯不仅仅是在朝九晚五的调解会议中帮助我们，他还让我们参与调解程序的规划安排、并在调解会议之后仍然提供帮助，直到最终解决所有的争议。’”

时间是成功最好的酵母

读到这里，你应当理解没有调解人能够一夜成名，甚至一两年的时间都远远不够。玛丽亚姆说道：“目标的实现需要厚积薄发。例如说，你给自己设定的目标是全职调解工作，一周调解五个争议案件。但实际上第一年你每周只有三个争议案件，第二年发展到每周四个争议案件，直至第三年或许每周就能够有八个争议案件了。许多人对于调解事业设定的期望值很高，并认为从第一天开始就会非常忙碌，但现实却大相径庭。有时候，给自己设定每周处理多少个案件，或者每个月拓展多少案源这样的目标未必能够实现。现实的情况是，你需要伺机而动，灵活调整调解业务发展的规划，并修正自己的目标。记住，你的事业尚在进行中，业务模式需要随时调整。必须做好随时应对解决难题的准备。”

关键是你对调解事业愿意付出多少？如果想成为调解人中的翘楚，你就必须愿意为之付出时间和所有资源。罗德尼·马克斯说道：“也许有些人认为调解人可以作为退休后打发业余时间的兴趣爱好，但对于我来说，这不是可以懈怠的职业选择。我需要全力以赴。能够获得更多调解案源的方法就是优质的服务。我每天早上7：30开始规划设计今天的争议案件如何调解，直至9：00开始调解。无论当天的调解几点结束，要么我就是径直奔赴下一个争议案件的调解地点、要么就是跟进曾经调解结束的争议案件并询问进展，抑或是开始规划设计下一场调解的具体策略。”

“上道儿”的调解生涯

在学校任教时，我对生活和工作的界限有明显的区分。上午7: 00开始，我会投入所有的精力、完成属于自己的任务，并精疲力尽地结束一整天的工作。下午3: 00下班后，我的脑海里就没有“工作”二字了。但作为一个提供专业服务的调解人，能够划定这种平衡的界限实属不易。调解人的思绪总是穿梭在不同的争议案件之间。调解的画面在脑海中挥之不去，你不可能放下。如果某一次调解未果之后你却毫无牵挂的话，恐怕通往成功的道路还离你很遥远。我相信调解人都必须对自己的职业有所敬畏。每一次调解总有值得总结的经验和值得宣扬的技巧。如果没有意识到这一点，或许只能说你还没有“上道儿”。调解人必须全身心投入。

——罗伯特 · A. 克里欧

尼娜 · 梅尔丁同样强调，愿意为“成为一名调解人”这个首要目标付出一切是很重要的。她指出：“无论从职业成长的角度还是从资源投入的角度，你都需要做好充分的心理准备。你需要付出时间、参加培训、疲于交际，甚至将办公室转变风格，使其更像一间调解的办公室。你还需要想好，这样没有稳定收入的状态可以持续几年？”

规划财务发展的路线图

只要坚持不懈地向着目标努力，不断积累调解成功的案例，几年后，原先的目标就触手可及了。如何不被挫折轻易击溃呢？良策之一就是为自己的调解业务发展规划相适应的财务发展路线图。玛丽亚姆的建议是设定未来十年的财务收入具体目标。表7-1就是财务发展路线示例，假

表 7-1 未来十年财务发展路线

单位：美元，件

时长	调解费率 / 半天	每周调解案件数量 / 半天	年收入
1~2 年	1500	2	144000
3~4 年	1500	4	288000
5~6 年	2000	6	576000
7~8 年	2000	8	768000
9~10 年	3000	10	1440000

设的条件是经验积累和市场认可度提升正相关，相应地，每周调解案件数量可以稳定增长，调解费率也能够逐步提升（你可以根据自身所处的市场情况调整相应的数值）。

她继续建议道：“图示或者坐标图能够让你对自己未来收入增长的空间有所把握。沿着这样的路线图，你知道随着经验的增长，费率也有提高的空间。当这样的预期落到纸上，就能更清晰地衡量成为全职调解人的风险是什么，也能更合理地找到调解事业发展的目标在哪里。如果你属于风险回避型的性格，那么可以再将表格中具体的数字减少一些。通过这样的方式，起步阶段的门可罗雀也不会让自己焦虑分心，不会轻易在现实面前退缩。”

另外还有两个表可以反映师徒模式费用分摊的情况（见表 7-2），这个表示同样能够用于未来指导人衡量你对他调解业务的价值。

对职业目标充满信心是能够保障从业者愿意向金字塔尖攀登的关键因素之一。某位调解人的翘楚曾说道：“我从事调解的前 12 年，就像从卡纳维拉尔角（Cape Canaveral）刚刚升空的火箭，我投入大量的精力就像火箭燃料般快速燃烧。工作、工作、工作，除了工作还是工作。我一度举债度日、变卖家产，收入一直没有起色，只能靠银行贷款生活。但

表 7–2　学徒价值的财务发展路线

单位：美元，件

时长	调解费率 / 半天	每周调解案件数量 / 半天	总收入	指导人分成	个人总收入
1~2 年	1500	2	144000	50400	193600
3~4 年	1500	4	288000	100800	187200
5~6 年	2000	6	576000	194000	382000
7~8 年	2000	8	768000	242000	526000
9~10 年	3000	10	1440000	388000	1052000

0 万 ~50 万美元，指导人与学徒之间分配比例为 35% ： 65%。具体分配比例可以根据实际情况进行协商谈判。

50 万 ~100 万美元，指导人与学徒之间分配比例为 25% ： 75%。具体分配比例可以根据实际情况进行协商谈判。

100 万美元以上，指导人与学徒之间分配比例为 20% ： 80%。具体分配比例可以根据实际情况进行协商谈判。

在稍后的几年，我终于步入正轨，就像耗尽燃料的火箭最终将卫星送上轨道。至此，我所需要做的仅仅是‘轨道角度’的轻微调整就能保持绕轨飞行了。”

你还需要务实一些。米歇尔·奥布拉多维奇说道：“保证最低的生活标准是一种本能的自我保护。我非常热爱调解这份工作，不希望扩张太快反而导致自己重操律师旧业。在办公场所的装修上过于奢侈、穿着过分考究，或者花费太多，这些都没有太多必要。”

保罗·莫妮卡蒂同意这个观点，他说道：“你要做好‘八年抗战’的准备，在哪些地方需要支出、哪些地方需要节约，这些都需要你结合调解行业的周期波动进行规划。保持“春耕秋收”的节奏：在空闲的时候多花些时间陪伴家人，或者做一些同样有意义的事情，让调解业务尚未起步或是遭遇淡季时仍然能够有所收获。”

□ 谨记“校准航向”

就像帆船手为了安全抵达港口需要随时注意水流的变化，作为调解人也需要保持对行业变化的关注，“校准航向”也是非常重要。你掌舵的不仅是设置什么样的费率、如何宣传营销自己，还包括调解业务模式的选择。即使感觉自己已渐入佳境，也不要忘记温故而知新的道理。正如另一名优秀调解人说的那样：“我追求精益求精。在制定了具体目标规划表的基础上，我还有一个调解业务发展计划。每隔三个月，我会把这两个计划拿出来一项一项对照得失，直至全部计划都最终实现。每隔六个月，我会根据调解业务发展的需求再调整两份计划中的具体内容。这期间，我专门准备了一本空白笔记本，记下每天的进展，‘吾日三省吾身’。”

罗德尼·马克斯也给出了如下建议：“功夫不负有心人。你需要经常分析每天的工作安排是否充裕、调解后的回款是否顺利、账单是否合理。我每年都与上一年度进行比较，看看今年又调解了多少个争议案件，比去年多还是比去年少？今年费率是否需要调整？回款是否遇到问题？今年是否过于操劳，或是过于放纵了？我应该提高费率还是降低费率？这一连串的自省每个月至少进行一次，或者至少每个季度需要全面考量一次——向翘楚云集的港口‘校准航向’”。

切忌得意忘形

春风得意的时候也需要进行评估。当觉得顺风顺水、当上门咨询并预订调解服务的客户络绎不绝时，当人们对你的调解水平赞不绝口时，当这一切看似理所当然时当然很棒时，仍然需要分析原因并保持优势。业因业果交错相连，如果失去洋流和风，又如何能航向远方？

——玛丽亚姆·扎德

克服负能量的四条铁律

也许某个案件没有调解成功，或者更糟糕，一连串的争议案件都没有调解成功，这肯定会让人沮丧。甚至，你会开始怀疑自己服务的价值。你确实为这些调解案件付出了努力，也许它们确实有调解成功的可能。但是，每一个调解程序最终都不得不结束。无休止地调解下去只会无谓地耗尽你的精力。罗伯特·A. 克里欧就总结道，“为人排忧解难的瞬间如此让人动容并让人神往，这让调解人内心的声音只有一个，那就是‘我一定要调解成功！’”

我的搭档玛丽亚姆·扎德补充说道：“调解也能让情绪从天堂跌入地狱，你要做好准备。或许你心想‘只要这样做、那样做，一定能够奏效，’或者‘我要问问看这样行不行，如果行的话我就能搞定这个争议案件了。’结果却都没有成功。但这是调解程序自愿性所决定的现实，你必须在调解人生涯之初就学会面对——调解失败会让自己感觉很挫败。这种感觉就像下意识地对自己说‘算了吧，或许我不适合做这一行，下次再说吧。’这并不鲜见，调解人起步阶段充斥着这种自我否定的心理暗示。”

调解人必须独立地解决问题，这会让人感到孤独。如果办公室里没有其他调解人可以和你一起讨论、分析的话，你会感觉自己势单力薄，这种感觉在早期并没有充足调解经验时更加让人绝望。有一个方法可以让你更好地克服这种负面情绪——参加其他调解人的交流活动，互相分享见解、取长补短。我的一个同行说道：“我在过去的两年里有意参加一个优秀调解人的聚会，希望能够融入他们的话题。我每隔一年还会参加一次调解人的研讨会。我尽力向‘高端’业务和‘高端’调解人靠拢。所谓近朱者赤，我从中获益匪浅。”

拉尔夫·威廉斯总结道：“当成功调解了一个又一个的争议案件，你会沾沾自喜。而偶尔失败一次，就觉得自己面对争议一筹莫展。如果不能独自面对失败，或者无法承受这种无力感，那么调解这件事可能不适合你。越是不能独自面对，就会愈加放大这种无力感。其实无须左顾右盼，一步一步向前走就可以。我试着不要去放大个案得失，时刻提醒自己，‘成功或失败都是难得的经验，我只需要尽力而为，失败时更应从中吸取教训。’”

不要将上一次调解失败的负面情绪带到下一次调解之中非常重要。每一次调解前都需要充分准备，要有信心、有能力再次采取积极的态度跟进当事人的争议解决过程，不断地向达成调解一致的方向推动各方努力。电话询问、信件、再安排一次调解会议……尝试能想到的所有方法来推动当事人向解决争议的目标近点、再近一点。只要当事人为此动容，彼此消除了隔阂，那么他们谈判的立场就会变得灵活（就像特蕾西·艾伦说的那样：“能屈能伸为大丈夫，知取舍乃上天恩赐”）。你应该对调解程序本身的价值充满信心——从统计上来看，大部分争议案件都是通过调解解决的。

即使成功推动当事人达成调解一致，其中博弈也是费尽心力。争议、冲突、矛盾都难言美妙，在满屋子愤怒的人群中还需要保持情感上的控制力是相当耗费精力的。也许在那些想要成为调解人的人看起来，调解就是调解人轻言细语几句话的功夫。但对于优秀的调解人来说，这些四两拨千斤的话语背后是一场体力和耐力的马拉松比赛——这就是所谓的内行看门道，外行看热闹。更为糟糕的是，许多争议案件在各方说辞背后需要解决的是刻骨铭心的心理创伤和难以衡量的巨大损失。保罗·莫妮卡蒂说道：“我非常幸运，从来没有遇到走投无路的争议案件。但每个调解人都会经历这样一个阶段——你发现每天处理的争议案件中充斥着对死亡和毁灭的恐惧、心碎的家庭成员、极端的情绪、残疾的未成年人，或者是已丧失意识的植物人等等。所有这些都会让情绪坠入冰河，所以你要学会调节自己的情绪。”

正如世上没有永动机，调解人也无法不眠不休地疯狂工作。若干年后，我和其他许多优秀的调解人一样，找到了适合自己的方法来调整情绪和精神上的低落与疲惫，让自己从具体争议案件的情景中回归现实。

“生存技巧”

想要每个周一清晨醒来都能够以调解人的身份工作需要一定的“生存技巧”，每天我们都面对不同的争议。对争议的关怀之心冷却下来是最危险的事，我常常从不同的角度去看待争议，保持自己的同理心。争议即便仅仅是关乎金钱数字，同理心和慷慨的援手对于争议解决来说也是从中立的立场上解决争议最有效的法宝。一旦这样的心态发生变化，其他任何的调解技巧都于事无补。你会逐渐变成精于算计、墨守成规的形象，甚至在调解行业中走投无路。我对此深信不疑，而且在其他调解人身上看到这样的故事不断上演。但这不也正是调解令人着迷的地方吗——当事人的眼睛是雪亮的！

——杰夫·夏普

□ 保持竞争力

用适当的方式让自己紧跟调解行业发展的步伐是持续的挑战。埃里克·高尔顿说道：“你只有不断地重新认识调解，塑造自我，才能在调解行业中保持竞争力。调解的技巧永无止境，需要不断学习和强化，一年至少参加两次调解人之间的研讨活动，还需要保证有足够的时间能够给自己充电。同时，保证自己擅长领域的专业水平也是重中之重。虽然我并不认为调解人之间的关系是一种竞争关系，我们之间更多的是相互的合作、互相交流调解经验。调解人群体作为一个整体都需要不断地保持进步、提升调解服务质量。每年，我至少要花两次时间认真审视自己，扪心自问‘我还可以怎样做得更好？’”

迈克尔·兰德勒姆强调了保持进取心的重要性。“我是如何应对调解行业周期的波动性？关键之一，我总是尝试接触一些高端复杂争议案件。调解形式日新月异、调解内涵和调解风格也各有千秋，整个调解行业都在持续地发生变化。”他说道：“我从不安于现状，如果想要以此为生，就必须勇于跳出自己的心理舒适区，愿意不断学习新鲜事物。对将要到来的变化保持觉察是每个调解人都需要做到的。要让自己不断进步，并在调解行业中保持竞争力。”

利用假期和空闲时间参加不同的课程有助于我们强迫自己学习新知识、拓展视野。以此能够让自己保持创造力。调解人之间还可以互相分享对具体争议案件的反思，尤其在那些自己不擅长的专业领域更需进行合作。在特定的情况下，假设条件，询问别人会如何调解？如此一来，就能够学习到解决眼前问题的不同的调解技巧，甚至是自己从未考虑过的实用技巧。

□ 不断总结经验

每次从高尔夫球场下来，我都会回想十八个球洞里哪几杆打得好、哪几杆还需要改进，如何去改进。在调解业务发展的过程中，我也同样会反思。每一次调解会议结束，我会回想自己通过这次调解会议学习了什么新的情况？争议的根源是什么？弄明白究竟是哪些言行举止改变了争议现状？这需要安静地在脑海里回顾当天发生的一切——我或许会斟一杯黑皮诺葡萄酒，一边品鉴美酒、一边细细玩味调解中的每个细节。至少，每次调解都会有值得吸取经验的瞬间让我获益匪浅。

还有一个小技巧是尽量记住当事人在调解会议中倾诉的故事，或者至少记住争议发展的脉络。这些故事和脉络承载着成功调解的基础、可以汲取养分并能够让我们保持好奇心在调解路途中一路前行。对于一些有意思的案件，我都会在日记中进行记录。把那些有意思的话语、那些幽默的、令人称道的表述和观点都记录下来。这些当事人脱口而出的奇闻轶事往往会成为我打破调解僵局的常备工具。

□ 营造舒适氛围

我总是会不断地尝试用不同的方法来缓解调解中的紧张气氛，营造宽松、能创造附加值的氛围。例如，在我的调解中心里安装了有线电视。假如一场马拉松式的调解会议让各方都感觉到精疲力竭，那么大家可以看看新闻松弛一下神经。我也总是会更换调解会议室中陈列的各种读物，保证当事人想暂时搁置调解程序、“喘一口气”时，可以随手翻阅来舒缓疲劳。或许最有意思的一件事，是几年前我为调解中心购置的一台咖啡机。即便我只是为大家冲一杯咖啡、分发几个面包圈，都会重新激发当事人打破调解僵局的意愿。

□ 学会放空

许多时候，调解结束之后你就应该清空自己的思维，投入下一个调解案件的准备中。在那些让人感觉非常艰难和耗费心力的调解会议结束后尤其应该如此。克利夫·亨德勒说道：“有一些调解人处理的都是极端情绪化的争议案件，充斥着的都是不堪入耳的痛苦、悲伤经历。既然如此，就不要让自己深陷其中。倾听当事人诉说的故事，感同身受地帮助他们渡过难关，这是作为调解人调解服务的本意，是更加人性化的调解服务，当事人也会对你心存感激。但总有一些争议案件存在模糊的、盘根错节的信息，让我们在调解之后也很难释怀。对于这样的争议案件，你需要学会搁置在一旁，作为压箱底的一段经历。每一次调解结束，就应该重新回到中立的立场，不能角色代入太深。”

熟悉并适应这种周期波动！

我有时将调解工作比作开一家餐厅。或者这周六或者下周六的餐位已有人预订，但恐怕很少有人能收到六个月后的餐位预订。我们可能会有下个月的调解服务订单，但不会有人一次性给我们持续六个月的订单。在法律实践中，任意一个诉讼程序就会持续数月甚至数年。但调解与否往往就是一天或者几天的事。你需要不断面对新的争议案件。这让人很难适应。这需要你有勇气能够着眼长远。在调解行业处于下行周期时，要想坚定沉着地继续保持宣传营销更为困难，但你别无选择——不进则退。

我的秘密武器是什么？熟悉并适应这种周期波动！它是任何人都无法避免的。

——杰夫・嵇查文

·领军人物的成功窍门·

1. 适应周期波动并规划闲暇时光

花开花谢、潮起潮落都是自然规律，调解也不例外。重要的是如何度过事业的低谷。与其为了一天的空闲时间而忧心忡忡，反不如充分将闲暇时光利用起来：加强你的宣传营销工作，通过电话回访之前的客户，回顾梳理自己的调解业务发展计划等，或者给自己身心都放一天假吧！要从心底里相信“明天会更好”，并朝着目标继续努力前进。

2. 要有耐心和恒心

一段成功的调解生涯往往需要三到五年的历练，在此期间，无论实际调解业务发展的好坏，你一心所想的都应该不断拓展业务、提供优质服务、全身心的投入。如果信念动摇，也就注定与成功失之交臂；如果持之以恒，并适时地“校准航向”，那么你一定会是最后的“幸运儿”。

3. 定期梳理自己的调解业务，“校准航向”并顺势而为

随波逐流的帆船一定会迷失在洋流之中，你就是自己调解事业的舵手，要及时根据“水流”变化让自己保持正确的“航向——根据需要实时调整你的财务策略、宣传营销策略或是其他事项。也就是说，制定目标规划表和日常运营方案后要时常拿出来进行总结对比——看看调解收入是否与预期相符，并竭力拓展更多的调解案源让自己实现目标。如果你已经有一些从业经验，但却没有做过这样的工作，那么现在就动手准备吧。还有，最最重要的一点就是不要因循守旧，要有勇气顺应潮流进行调整，哪怕是“推倒重来”的转变。

4. 保持竞争力

长江后浪推前浪，不要把一个又一个的争议案件变成枯燥乏味的重复流程，这会耗尽你对调解的精力和热情。尝试新的调解方式，随时有清零的勇气，与那些乐在其中的调解人交流，从中汲取更多正能量。如果感觉到需要休息一段时间，就放下手中的工作吧。

5. 享受你的好时光吧

在调解行业的周期波动中，大多数人都容易忘记好光景时的心情。当自己的调解日程表已经被预订得满满当当，当你接二连三地解决一个又一个疑难案件时，当办公室电话已经被“打爆”时，记住这些时候的心情，告诉自己所有的耕耘总会有应得的收获！

第玖课 CHAPTER 09

遇见法律职业的未来

“许多参加调解培训课程的人都会问我，‘你能告诉我如何拓展调解案源吗？’而这并不是问题所在，选择成为调解人就意味着要亲手培育调解的需求。”

——玛丽亚姆·扎德

首先必须承认的是，我是在合适的时机、选择了合适的地点，开始了调解生涯。而我从内心里对调解行业未来的发展感到乐观。我，还有同时代的调解人所经历的发展过程未必是今天的调解人必须重复的经历。调解行业日臻完善，法律环境不断变化，调解行业本身也早已人满为患。如果选择从今天开始自己的调解生涯，如何起步这个问题的答案早已今非昔比。在本书中，我们竭尽所能地将不同路径和方法铺陈开来，希望帮助那些有志于提供高质量调解服务并获取财务上成功的调解人能够达成所愿。

至此，我们希望用本书的结尾寄语调解行业未来的发展愿景，并以此激发你对于调解人职业前景的思考。当然，我们的寄语与你们的思考

调解打动每个人的内心

我认为每个调解人都会有美好前程。在我们调解事业刚起步时，人们常常把调解（mediation）和冥想（meditation）弄混，也不明白调解和仲裁的区别——他们根本就不清楚什么是调解。如今，绝大部分人都知道调解的基本概念和作用。人们争议解决的经验越丰富，调解的发展空间就越大。调解的基石就是沟通技巧。有效地倾听总是能缓解不同情况的紧张对立情绪。我觉得每一次成功的调解都是打动参与者内心、反映人与人之间“以心相交”的渴望的结果。如果从这个角度看待调解事业，它是一种精神层面的治愈方式。

——杰夫·艾布拉姆斯

是相辅相成的。如果询问一个优秀调解人，他关于未来的思考究竟如何？他们可能会有许多独特和深刻的见地。兼容并蓄也是本书所倡导的核心理念，正如前文所有的不同观点。但正是每个调解人极具个性化的思想和实践才使调解行业这个专业服务行业呈现出异彩纷呈的发展态势。参与本书编写的所有优秀调解人，他们或是豁达开朗、或是入木三分，或是大胆创新、或是遍尝百味，最终都殊途同归，站在了调解行业金字塔的顶层。

调解人的明天会怎样

我经历了调解行业在美国的"婴儿期"、"童年期"，以及"成年期"。从许多方面来说，我就像一个自豪的父亲，见证了调解行业"长大成人"的过程。但也正如家长对于子女的责任那样，我的责任并不止于此。我们每个调解人都需要兢兢业业地工作，用专业的服务让调解行业更加成熟和完善，保证每个调解人都以从事调解而感到自豪。所以，我们需要厘清当下调解行业发展的趋势，在未来扬长避短、博采众长。现实地分析和评估，不能纸上谈兵，异想天开。我们需要为自己规划未来职业的发展方向，并设定具体目标的实践指引。

令人担忧的走向一：完全附庸于诉讼

今天的美国，大部分人或多或少都能够接受调解作为多元化争议解决的一种方式，我们也见证了越来越多的争议案件进入调解程序。这对于热爱调解人职业的人来说无疑让人欢欣鼓舞。

但是，在过去的数年间，调解被视为诉讼程序的附属品，大部分调解业务来源于诉讼分流的争议案件。在司法系统倡导调解之初，调解市场几乎为零。司法系统无法承载的争议案件数量是调解行业能够蓬勃发展的基础，高额的诉讼成本也是促使当事人选择更加节约的调解程序的原因，调解服务也让当事人对争议解决的结果有更高的掌控力。但在今天，调解程序更加趋于诉讼前的必购商品，人们似乎淡忘了选择调解的初衷。

保罗·莫妮卡蒂回忆道："当我刚刚迈入调解行业的时候感觉顺风顺水，人们都是自愿且非常希望通过调解程序来解决争议。如今，随着司法系统对于调解程序定位的变化，更多的当事人是基于法官的压力才启动调解程序。这让调解过程发生了变化。有一些当事人并非基于自愿，或对参与调解心有顾虑。调解程序对于他们来说，更像是走一个过场。调解现在似乎只是诉讼程序的前置步骤罢了。"来自新西兰的调解人杰夫·夏普也认同这样的观点。他说："有许多调解人都产生了过于依赖司法系统分流案件的倾向，否则他们无法生存。我个人并不认为所有地区的调解市场都只能依赖司法系统分流的案源来发展。"

杰夫·嵇查文说道："这是一个巨大的错误。调解行业当然需要司法系统的监督和管理，但决不能因此削弱调解赖以生存的专业基础——需要保证调解人拥有发挥创造性、原创性、自发性的空间。然而现在司法系统监管的倾向则表现出明显的诉讼思维，他们需要的是统一性、可预测性和一贯性。调解行业被称为'替代性'争议解决，所以别忘了我们赖以为生的基础是就是相较于诉讼的'替代性'。千万不能甘心成为法院的附属，我们必须努力靠自己激发当事人的调解意愿，要习惯对自己的调解事业自负盈亏。天下没有免费的午餐，完全依靠法院的支持和分流的案源不会是没有代价的捷径。"

如今，律师群体俨然已经成为最大的调解人群体。对于某些调解人来说，这对于调解行业是有益的。拉尔夫·威廉斯就说道："我对于争议案件的认知其实也是一个前诉讼律师的认知，我的客户也全部都是诉讼律师。在诉讼的世界里，调解有其独特的功能定位，是许多诉讼律师协助客户解决争议问题的工具之一。未来，调解的重要性会更加重要。"

可能还有一些调解人会认为，律师群体加入调解行业是喜忧参半的事情，克里斯托弗·穆尔指出：“有非常多的律师都关注替代性争议解决方式的发展，他们的加入可以为调解行业输送更多具备法律专业知识和专业背景的调解人，这是好事。律师群体作为一个非常有权势的群体，他们的关注和对调解优势的认同会为调解行业蓬勃发展夯牢基础。但这也如同打开潘多拉的盒子，律师群体一旦决定加入调解行业，他们就会想掌控一切——轻易用专业壁垒排除那些没有法律背景的调解人，利用其影响力宣扬只有法律专业是所有争议问题的解药，宣扬一种歧视非法律专业调解人的市场环境。然而，这种认识是错误的。法律服务行业的各类群体即便没有夜郎自大到认为自己是唯一的争议解决服务提供者，也更多地倾向于认为自己的争议解决服务优于其他人。事实上，在某些州，律师群体已经成功地在某些争议案件领域的调解实践中形成垄断，或者将准入门槛提高，让非律师群体很难成为这些争议案件的调解人。这种现象在法院指定的调解案源方面尤其明显。”

我作为一个由诉讼律师转型而来的调解人，自然能够明白律师群体持续涌入调解行业的一些原因！但无论如何，多样性对于任何事情都是有益的，调解行业也不例外。放眼世界，有许多“功勋卓著”的调解人都并非律师出身。例如，克利夫·亨德勒，他被认为是加拿大最富有创造力的调解人。克利夫并没有法学背景，但他在风险控制领域深耕细作数十年。这样的专业背景使他对争议冲突状态下的决策驱动力有着独特的理解。除了扎实的风险控制专业背景之外，他富有魅力的人格特点也锦上添花，调解人职业自然成为了他的不二之选。

从合理的意义上考虑，适当的制度化并不等于僵化的制度，最开始应该选对方向。在 1980 年年末至 1990 年年初，调解人群体不断地努力想要使调解服务成为民商事审判制度的一个补充选项。而在漫长的时间里，这些努力都毫无进展。后来，越来越多的数据反映出更高的结案率和更好的当事人、律师满意度，这才让调解服务在法律服务行业里变得炙手可热。似乎每个人都想参与调解。

涌入调解行业的人潮使司法系统必须将调解纳为固有机制的一部分。越来越多的本地法院开始强制诉讼案件中的当事人进入调解程序，法官并不会分析或者考虑调解是否适合解决具体的争议事项。

司法系统将调解程序视为“万灵药”的支持慢慢成为调解行业发展的阻碍。调解程序的强制性极大地削弱了律师参与调解的创造性和积极性，调解程序似乎成为律师们走上法庭必须迈过的一个门槛而已。许多调解人也自甘成为当事人之间的“传话筒”，忘记了如何通过“背对背”会议的形式帮助当事人进行建设性的沟通。想要重新激发调解行业的活力，司法系统或许能够做到最好的支持就是减少已有的支持，不要违反自愿性、推行强制调解，将案源筛选的权利还给市场，让不同的争议案件自由进入最为恰当的争议解决程序之中。

□ 令人担忧的走向二：日益“僵化”的调解人

调解是一种即兴创造，我是这个观点忠实的拥趸。对信息即时作出回馈、认真对待每一场调解会议、善于抓住化解争议的瞬间，并能够保持思维活络，这些都是成为优秀调解人的秘诀。可悲的是，随着调解程序的流程化，越来越少的人意识到这些秘诀，他们的思维开始僵化、惰于思考应对之策，或者不愿探寻不同争议解决方案的可能性。调解行业要继续繁荣，我们需要重新认识调解程序的这些特性，激发调解人对于争议解决的创造力。

因为调解人人数的急剧增加，法院分流的诉讼案件成为调解行业最大的一块案源。这也导致许多调解人不得不按照诉讼程序的特点调整自己的调解实践，调解业务发展和调解技术创新都受到了限制。这种限制导致了同质化的调解服务。今天的调解行业，在很多领域都呈现出“微利商品服务”的特性。调解人之间互相模仿，从调解风格到调解方法，丧失了突出自身调解服务特色的能力。即便是有一些价格高昂的调解人，他们的调解服务也趋同于律师，几乎可以说都是提供一种法律风险评估服务。

许多调解人都赞同这样的评价，包括克利夫·亨德勒在内，他说："最开始的时候，调解是一项新鲜事物，充满了创新的活力，人们都'拜倒裙下'。当事人愿意在调解中打开心扉，探寻具有创造性的争议解决方案。如今，在洛杉矶、迈阿密、多伦多这些较为成熟的调解市场，人们觉得调解就是'表个态'的过程。调解行业的发展在诉讼相关的争议案件领域已经岌岌可危。律师们想要在调解程序中掌控一切，由他们来主导调解人的言行举止，把握调解的节奏。这无疑极大地损害了调解程序本身的创造性。"

这种僵化的调解流程不仅会让当事人立刻反感，调解人自己也会厌恶。如果不能提供具有创造性的争议解决方案，那么即便最好的情况也只是调解人借助个人魅力维系与相同客户之间的关系和案源。如果往糟糕的地方想，调解业务的发展可能就此戛然而止。

即便是某些最富有创新思维的调解人也逐渐开始提供趋于同质化的调解服务，这样他们才能为自己的争议解决经验和智慧明码标价。缺乏"惊喜"的调解会使整个行业的前景变得暗淡。法律服务行业的其他专业群体认为他们比调解人更了解调解程序。调解程序或许会有大同小异的流程，但调解人的调解服务绝不能千篇一律。

令人担忧的走向三：速成调解人

如今，越来越多的人参加了四十课时的培训课程，把调解人的称谓往名片上一印，然后就可以以调解人自居。我希望通过本书能够澄清的是，这不可能是成为优秀调解人的路径——无论从调解人个人的角度还是从调解人这个职业群体的角度来看都不可能。

律师在参与调解后往往会对调解人的工作心生嫉妒。在他们看来，调解是“如此简单”，远比他们争取案源和在法庭上慷慨陈词简单得多。在法律服务行业之中，会有许多人难以理解为什么调解人这个职业几乎没有任何专业门槛。律师们都需要持续接受律师协会的执业培训、要参加每年的考核程序，还有许多为了保证执业许可所必须参加的各种活动。我也一直有着相同的疑虑。

其他一些专业服务职业都有持续接受职业教育的义务，如医生和律师。如果调解也是一种专业服务，调解人恐怕也需要接受持续的职业教育。调解服务从本质上来说不仅仅是一项法律专业服务，还有其他的社会科学知识需要运用其中。调解人的职业教育还应扩展至神经语言学、认知语言学、即兴表演演讲、组织决策学等多个方面的内容。

数年前，各方形成了一股推动调解行业设立执业证制度的合力，其中也涉及建立一系列的调解人认证培训课程。最初，调解人群体对此是极力反对的，反对的声音一度占据上风。尽管如此，关于调解人的执业证制度和认证培训体系仍然会被不断提升。作为法律服务行业的一员，尤其是对于那些专门处理法院相关诉讼案件的调解人来说，他们的客户群体恐怕难以接受调解人“无证上岗”的现状长期持续下去。这也就意味着，在未来，调解行业及调解人群体需要解放思想，转而利用这种职业认证的方式来明晰自己在多元化争议解决体系内的位置，调解人整体的调解实践也能够免受个别玩忽职守或渎职行为的拖累。即便仅从宣传营销的角度考虑，能够拿出某个行业的执业证往往无形之中会让潜在客户对你的信任更有依据，远比你拿着印有调解人称谓的名片四处推广有效得多。

□ 令人担忧的走向四：不断增加的调解服务成本

调解的商业化过程可能伴随着一些“巨无霸”公司将调解服务纳为辅助日常运营的消费性服务——强势消费者的出现必然会压低调解行业的整体收入，尤其以涉及保险公司的争议案件为典型。因为越来越多

调解程序的价值坚如磐石

根植于调解程序中的为当事人解决争议的价值是调解行业未来发展的有力保证。调解行业不会是昙花一现。相信调解在未来会成为争议解决方式的首选，诉讼程序应该还原其谦抑性的本质。十年后，所有的争议案件都会自行尝试调解后再考虑去法院进行诉讼。

——克利夫・亨德勒

的调解人陷入僵化的调解流程之中，保险公司现在更容易通过控制调解程序的费用来对整个调解行业施加影响。即便是最为优秀的调解人，在这类争议案件中的调解费率也不得不降低至保险公司能够接受的范围之内。所以，我们可以看到的是，这个领域的调解费率整体都在下降。

调解人报酬在不断减少的同时，在保险领域的调解服务成本却持续上升。这是因为大型保险公司在持续控制成本的过程中，还不断要求调解人提高调解服务的质量和价值——要配备大型调解会议室、咖啡机、精致的糕点、丰富的餐饮服务等。事实上，许多保险公司现在还要求调解服务提供商必须使用电子化的案件管理系统来对接自己使用的保险索赔系统。

结果显而易见，在这个领域的调解人只能抱团取暖，他们开始加入不同调解机构的调解人名册，整体以调解服务提供商的身份服务于那些更复杂、更高端的调解业务。就我个人观点而言，即便总是会有例外，但一旦加入了调解人名册，人们就很难真的记住你和属于你自己的调解服务了。

充满希望的趋势一：调解的制度化

具有讽刺意味的是，我们认为最不希望成为趋势的“诉讼分流”可能也同时是最有望成为趋势的一个方面。克里斯托弗·穆尔说道："毫无疑问，调解行业在过去十五年间的发展是令人惊讶的。各种各样的争议案件都诉诸调解程序，人们几乎想把所有类型的争议都推入调解，并寻求解决。"

克利夫·亨德勒说道："调解现在已经深深根植于法律服务行业了，成为多元化争议解决中最能控制成本、风险最小的一种争议解决方式。在需要"面对面"谈判的场合，人们开始习惯使用调解服务，并以此作为寻求争议解决方案的主要途径。"即便是抱怨强制调解限制了调解行业创造力的罗伯特·本杰明也对此有积极的认识，他说道："过去25年间，我们看到世界各国都在努力统一对于调解，或者称为第三人主持谈判的定义，并通过编入法律或法令的方式，甚至在某种程度上将这些定义融入不同国家的法律文化之中。从历史发展的角度来看，这种努力将流芳千古。"

令人振奋的一个现象是几乎每所法学院都已经将调解纳入了课程目录中；并且，替代性争议解决的内容在许多州的律师资格考试中也有所体现；世界范围内，还有许多高校针对争议解决还设置了专门的研究机构。简言之，调解行业越来越成熟，整个行业现在开始寻求一个明确的定位，试图在庞杂的争议解决体系之中找到最为适合的发展空间。从这个意义上来说，制度化能够筛选大量的专业人才、增强调解行业整体的可靠性，需要我们快马加鞭地推进下去。

□ 充满希望的趋势二：启导

正如我们所见，启导的传统会在未来得到传承，并被发扬光大。当前的调解实践已经证明了这种方法是最行之有效的调解人业务发展模式。这与律师和医生这样的专业服务行业是相通的：在律师事务所里，年轻律师对交易架构的学习都是依赖于合伙人前辈们的启发和指导；在医疗机构里，年轻医生在实习阶段也需要花费数年的时间接受科室专家们的业务指导和培训。即便如社会工作者以及心理咨询师这样的职业，在可以正式开始专业生涯之前，他们都需要花费许多时间开展实习。然而调解行业现在就缺少这个环节，每个人都能够以调解人自居，等待着第一通咨询电话响起。这样鲜明的对比难道没有问题吗？我相信，必要的职业培训和指导是有莫大裨益的，甚至应该做出强制性的要求，站在巨人的肩膀上总是能够看得更远、更清楚。将这种启导的传统发扬光大是新人的成长所不可或缺的。

对于绝大多数的调解人而言，真正的挑战是如何避免在启导的过程中被新人抢走了案源和客户。对于每一个经验丰富的调解人而言，这个障碍都是必须要克服的。我的搭档，玛丽亚姆·扎德认为："如果因为担心自己指导的调解新人成长为强有力的竞争者，我们就拒绝启导的话，整个调解行业的发展都会陷入停滞。我们应该有宏观的视野，能够为调解行业的发展做出贡献。我们需要发掘人才，对于那些有潜力、有条件的新人，我们应该将自己的经验倾囊相授。"

假如你认为对新人的启导和由此导致的困扰和竞争将会成为自身调解业务发展的隐患，我建议不妨换个思路想一想。无论从情感层面、心理层面，还是从精神层面来说，启导本身都可以强化你已有的经验。即便从实务层面来看，这种启导也是双向获益的关系，两个人共享案源并不是零和游戏。指导新人也意味着可以提高自己的业务结构，并促进业务发展。事实上，今天能够从大局看待启导挑战的调解人在争议解决市场中有口皆碑——他们乐于奉献，对自己维持调解业务发展的能力充满自信。现实世界中，有太多的冲突和数不完的争议，作为导师，你还能从被指导人的调解报酬中提取一定比例的分成。不止如此，指导新人还能为自己开拓新调解业务的机会——就如同存款储蓄每年会有利息的增长一样，你亲手打造的"代言人"能在不同的市场细分领域里增加你的曝光率和知名度，由此而来的新案源也是可以期待的"投资收益"之一。

如果你已经成为一名优秀的调解人，如何将自己努力习得的调解智慧传递到晚辈那里是必须考虑的问题。对于初出茅庐的调解人而言，更需要重视调解前辈的指导给自己带来的价值。

保持调解行业的发展活力

如今，大多数调解人都头发花白或是“聪明绝顶”。调解行业需要有补充年轻的血液的渠道。联合调解、调解辅助、标的额递进限制等安排都是可行的渠道，核心在于如何帮助新人在调解行业中更好地发展。当然有的“新人”能力迅速独立，如退休法官——他们甫一开始就能独当一面。但刚刚从法学院毕业的新人们恐怕就不会如此轻易地在调解行业生存下去。

如何保持调解行业的发展活力，是所有调解人都应该思考的问题。年轻人的责任是保证执业行为符合伦理规范，而一位资深调解人能够帮助到的就在于让年轻人更好地认识并遵守调解程序本身。

首先，我们需要降低年轻人选择调解人生涯的竞争门槛。每一名优秀新人的加入对于整个行业来说都是有益的。调解人群体越优秀，调解这种争议解决方式也就越具有吸引力。

其次，我们不应该为了竞争而竞争，采取一些恶性的价格竞争。调解人相互之间的竞争应围绕着更优质的调解服务，而不是更低廉的调解费用。事实上，从市场角度评判的话，调解服务能否取得成功在于能否得到更多的调解服务机会，而不在于调解服务的价格如何。我们国家有一些地区的调解行业陷入了价格竞争的恶性循环，那里没有赢家。

让我们努力保持调解行业的发展，制定合理的调解费率，提供优质的调解服务。

——罗德尼·马克斯

□ 充满希望的趋势三：调解人的跨国合作

全球化是一个时髦的概念，其中利弊早已在各个领域引发了关注。但是，互联网的出现已经深刻地影响了现在的生活，“扁平化”这个词汇不断萦绕在耳边。这也让调解行业未来的发展呈现出了新的趋势：调解人之间的跨国合作将会更加频繁。例如，在伦敦的调解人可以联络一个美国的调解人，他们不同的文化背景可以让重大商业纠纷中的当事人在决策过程之中得到跨文化的调解服务。再如，某些争议案件之中，客户群体可能来自不同语言背景，这就需要来自不同地区的调解人能为客户提供符合其语言需求的调解服务，保证沟通信息的畅通。

理查德 · 韦勒分享了他对未来的展望：“调解将会越来越多地应用到跨国商业争议解决之中。国际贸易合作的发展以及商业全球化的趋势都使得调解得以占据一席之地。基于调解对于国际争议解决可能产生的重大影响，联合国最近也开始推行国际调解示范法，这样的趋势甚至强于当初仲裁的国际化趋势。英国、比利时、新西兰、澳大利亚、波斯尼亚和黑塞哥维那，非洲地区、南美洲地区和加勒比地区的许多国家都已活跃其中。调解作为有效的争议解决方式，其国际化的发展趋势明显，许多概念也为更多的人所了解。调解程序的优势在于当事人之间可以藉此建立信任，对于争议解决而言也更加快捷，并为参与调解的每一个人减轻争议解决的成本负担。国际商业贸易往来之中的参与者和规则制定者都将会越来越多地选择调解这种争议解决方式。”

克里斯托弗·穆尔也对调解的国际化发展趋势非常乐观。他指出：“相较于其他的争议解决程序而言，当事人能够通过调解程序较为友善地找到适合个案的争议解决方案。调解作为一种各方共同决策的程序，在更大范围内也会产生积极意义。友善并不意味着不能强势或必须将决定权交予他人，虽然人们可能更习惯于听从权威的命令，但调解所倡导的更多是各方在互相理解的基础之上进行共同决策。民主的价值在全球范围内得到越来越多的认同，调解本身的程序架构就契合于民主的价值观，我们能够帮助当事人更多地进行共同决策。”

正如托马斯·弗里德曼提出“世界是平的”的观点那样，从国际化市场的角度考虑，我们应该更多地邀请其他国家的调解人一同合作提供

更主动的争议解决服务

从法律服务行业的角度看，诉讼偏好向仲裁偏好的趋势已经形成，而调解偏好发展的趋势也是迎头赶上。但即便是调解这种很好的争议解决方式，仍然只能做到“响应”式的发展。我相信未来的多元化争议解决体系将会更加主动。这种判断来源于调解人的专业化发展和调解人队伍的壮大。如今的调解人同时具备促进沟通、促成谈判、答疑解惑的作用。而这些更为主动的沟通和谈判方式得到业界越来越多的青睐。他们虽然还是在争议发生之后才会想起调解或者仲裁，但随着争议解决体系的发展，我认为未来人们会更倾向于在争议前端的争议解决服务。

如今确实有很多综合性的争议解决程序。在注重身份位阶的文化背景下，比如在医疗行业、主从关系、建筑工程领域、电影制作领域，根据不同的争议类型和阶段，人们会更好地利用各种争议解决程序解决问题。例如，许多公司过去习惯于简单地用仲裁来解决所有争议，然后它们学着去调解争议。现在它们已经学会了明智地使用我们的服务。举例来说，某一家酒店与布料供应商的争议可能用仲裁的方式解决更为快捷和高效。因为布料供应商的数量庞大，酒店方选择合作伙伴的余地较大。但如果争议主体之间更注重维系长期的合作关系，他们也可以选择调解这种争议解决方式。在雇员与雇主之间的争议、部门内部之间的争议等都是如此。

总体上看，市场主体和政府部门如今在涉及利益重大的争议当中都会有意识地选择不同的争议解决程序。过去三十年的发展为未来奠定了坚实的基础。

——纳塔莉·阿姆斯特朗

调解服务，这没有任何障碍。在调解实践中运用现代化的电子信息技术，可以将世界的每个角落用视频、网络链接起来，人与人之间可以即时有效地进行沟通。调解业务的地理界限越来越模糊。例如，我们或许在加利福尼亚州花费了一整天的功夫进行调解，在最后决策的时候，我们能够立刻打电话给在身处伦敦的决策者进行实时的沟通。

□ 充满希望的趋势四：公共政策及公益调解

克里斯托弗·穆尔和贝纳德·迈耶合伙成立的合作决策咨询机构（CDR Associates）在许多知名的公益类争议中推动共同决策的调解，诸如公共交通规划争议、土地使用规划争议、河流水道和危险废弃物所引发的涉及公众的争议之中。穆尔也相信公共政策所引发的争议也将会成为未来调解程序发挥功效的重要领域。他说道："人们投身调解事业的原因之一就是经济上能够得到相应的回报。而公共政策领域的争议就是能够满足这方面需求的业务领域。在这里，争议涉及的利益十分重大、利益相关的人数众多、争议焦点的社会问题发人深省，而且当事人有足够的经费支撑公共政策制定者和波及者之间的博弈过程。当然，想要踏足这个领域相当困难。这是因为一方面争议问题本身非常复杂，另一方面是争议当事人在发生争议之后首先想到的往往只有那些已经具备专业经验的中间人。不过，调解新人也可以通过本地的建筑规划部门或者本地政府机构着手，从点滴开始服务，直至取得服务此类公共政策争议案件的机会。"

纳塔莉·阿姆斯特朗作为冲突解决机构（Institute for Conflict Management）的理事长和加利福尼亚州圣塔莫尼卡戈尔登传媒（Golden Media）的董事长，他说道："公共政策的制定需要科学规划，政策的出台和制定方法都应该让各方能够充分博弈。以欧盟为例，欧盟商会根据具体政策制定的需要，必须首先经过各方的协商、谈判、和调解程序。他们参考了美国公共政策制定方法的利和弊，并从中移植了一些成功的范例。在美国，我相信将来会有越来越多中立的争议解决服务出现在公共政策制定领域。”

调解服务在公共政策制定领域的运用或许未必像诉讼案件的调解服务那样有利可图，但是置于跨区域环境争议中考量，调解对于社会的贡献是巨大的。例如，通过调解缓和阿富汗敌对部族间的矛盾、解决科罗拉多河流域各国间关于水资源的权利义务分配，还有协调北美土著群体与联邦政府之间的许多争议。这些争议事项的解决需要调解人有高超的沟通和协调技巧，而且对社会的稳定发展至关重要。在这些领域从事调解工作的调解人群体显然比现在值得更多的关注和尊重。许多人投身调解行业的初衷非常高尚，但只有极少数人坚持践行理想。

□ 充满希望的趋势五：作为争议解决的一个“可选项”而非“替代品”

贝纳德·迈耶说道：“或许最大的错误就是我们只看到调解本身。调解实际上是争议解决体系中的一个环节。我们需要思考的问题是，怎样才能用我们的专业知识和职业技巧在争议解决体系之中找到恰当的角色定位，去解决实际问题？”

克里斯托弗·穆尔赞同这个观点，他说道：“我们应该考虑的是作为专事争议解决的专业人员可以解决什么争议，而不仅仅考虑这属不属于调解的工作范围。我们不仅能够主持调解程序，也能够参与到协调斡旋性质的工作之中。对于现状的分析和理智决策是我们的工作（而不仅仅是就争议案件的利弊提供法律分析。我们需要帮助当事人找到争议焦点，并协助他们采用恰当的争议解决程序解决实际问题）。我们应该在高校里宣扬争议解决的智慧，也可以就此独立举办培训课程。已经有许多人开始将与争议解决相关的多种实践结合起来提供服务。合作决策咨询机构（CDR）的业务就包罗万象。我们提供现状评估服务、冲突分析服务、应急方案服务、策略指导服务、培训服务、协调斡旋服务和调解

未来调解的全面远景

1. 我们的司法系统需要建立一个有生命力的志愿争议解决体系，足以担此重任的可能就是调解。调解适用于所有类型的争议案件之中，而且无论是司法系统的志愿服务还是市场服务都不会影响调解程序的核心理念。

2. 各种争议解决机构也会完善志愿争议解决服务内容，比如争议前段的协调斡旋服务或者调解服务。不同的争议解决程序构成争议解决的整体，这也包括了仲裁和最终的决策等。人们不再会忽略争议问题本身的性质或者直接将争议付诸对抗式的程序和零和博弈。

3. 公共政策制定的博弈能够在这个多元价值观的时代在更广的范围内凝聚对于具体政策的共识。对于重大公共政策的制定需要在政策听证阶段设置谈判沟通的程序。

4. 针对争议较大问题制定新规则和新政策波及利益相关群体的人数众多，我们将会越来越多地规划谈判、运用谈判来进行博弈。

5. 非政府机构的调解人与美国联邦政府在许多国际问题上诸多合作，这被我们称之为非政府外交（第二外交）。未来我们会看到在正式的政府外交（第一外交）层面，这些调解人也有机会参与博弈，或者在政府无法直接介入、想要介入的领域提供智库建议。显然，对于这些“调解”活动的经费来源于国内层面或者国际层面的政府部门 / 国际组织，或者还有一些国际资助经费的来源。

6. 对于共同决策的价值需求会增长，在争议解决体系中的选择会更成熟，这能够将原本存在的志愿决策辅助服务串连起来。

——克里斯托弗 · 穆尔

服务。这些都是争议解决体系中不可或缺且相互补充的的内容。对争议解决体系的思考是让我们立于不败之地的法宝，也正是这种思考成就了我们的中立第三方事业，或者说是广义上的调解事业。”

可以清楚看到的是，各大法学院现在都在开发自己的争议解决课程或研究项目。我相信在不久的将来，这些课程内容和研究成果一定会被纳入律师职业资格考试的范围。一旦这成为现实，每一所法学院都会开设相应的谈判和调解课程。下一代的律师群体将不再把这些争议解决程序看作是“替代性”的。他们会更多地认识到，在争议解决体系之中，没有哪一种程序可以通用于所有争议之中。

实践是未来的“试金石”

在未来更加成熟的争议解决市场中竞争，调解人的服务理念和技能更新都不能够落后于调解市场本身发展变化的速度。客户群体对争议解决的理解会更加成熟，未来也可能出现更多的争议解决方式供客户进行选择。对于调解人群体来说，追赶市场行之有效的方法之一是回归合作共赢的调解本质。就如同在法庭询问证人时，双方资深诉讼律师在互相交锋的过程中也会互相学习、实现经验共享那样，资深调解人之间也可以展开类似的合作，互相切磋争议解决技巧和理念，以求能够更好地为当事人提供专业的争议解决服务。借助当今发达的电子信息技术，我们动一动手指就可以轻松地搭建一个交流学习的平台，大家可以互通有无、分享经验。他山之石可以攻玉，调解人群体之间可以通过网络平台或者博客进行交流，这让我们的调解技巧和调解策略更加完备。国际调解人学会（International Academy of Mediators）这些年就致力于这项工作。

联合调解在未来也将会是令人兴奋的新事物。想象在一个涉及多方当事人的建筑工程质量争议案件之中，你或许面对着十方当事人，每一方都需要你在调解会议中单独进行沟通协调工作。在你与其中几方当事人之间往来穿梭的时候，或许暂时被冷落一旁的某一方当事人就会感到自己被孤立，或者仅仅是觉得没有自己什么事。这时候，如果有一个值得信任的联合调解人与你一同调解，所有的问题就能迎刃而解了。诸如此类的调解人合作对于调解行业在未来的健康发展是非常重要的。

从调解人个体的角度来看，让自己保持竞争力的另外一个法宝就是认真对待自己的每一个争议案件，不能想当然。虽然每个人都会认为自己可以占据一片“私人领地”，但客户群体却不会永远忠诚。对每一个客户，我们都应该努力维持相互的信任关系。我们可以通过不断的进修来提高自己调解服务的质量，用行动表明我们帮助客户解决所有难题的决心。这将会让客户群体感受到调解的诚意和心意，不至于认为调解只是一项徒劳重复且缺乏创造性的无聊程序。这从本质上来说意味着我们应该用客户需要的争议解决服务来作为回馈。

虽然以上讨论的变革主要是调解行业和调解人群体需要面对的，但诉讼司法领域的专业人士也应该从以往的教训中汲取经验。就像 1970 年初期，司法系统接受游说，开始强力推行仲裁程序应用的例子。最初的成功非常显著，无论是法院还是诉讼参与人都从中获益。律师们认真准备，并确保争议案件能够通过仲裁得到彻底的解决。每一个争议案件都能够通过律师们专业的代理在仲裁庭面前展开全貌，当事人无须通过漫长的诉讼程序就能够有效地对自己的立场和法律主张进行评估。

随着时间的推移，越来越多的律师开始漫不经心地参与仲裁程序。没有准备、投机取巧的事例比比皆是，仲裁庭的审理越来越像一场完整的诉讼程序，需要浪费大量的时间、精力去弥补律师准备不足的后果。不服仲裁的统计数据开始直线上升，法院强力推行的仲裁程序步入了困境。事实上，许多法院开始厌倦强制仲裁程序的低效。随着不服仲裁的争议案件急剧增长，绝大多数的法院也逐步收回了对于强制仲裁的支持措施。取而代之的就是如今的调解程序，法院开始将大量的争议案件分流至调解程序，在这里，当事人可以真正地达成一致，并通过有效的调解程序实现争议的最终解决。

我有许多学生都参与到法院指派的志愿调解人工作之中，他们告诉我现在越来越多的律师也开始漫不经心。甚至他们根本就对调解程序嗤之以鼻。被告方没有任何谈判的诚意就参与到调解程序之中，许多争议案件很快陷入僵局、无疾而终。最终这些争议案件还是只能回到法院，通过诉讼程序进行解决。仲裁在美国的发展历史会简单重复吗？最终还是只剩下诉讼程序这种争议解决程序吗？就如同曾经的仲裁程序，法院引导和指派的调解争议案源已经开始回流，似乎司法系统对于调解程序的热情也在逐渐降低。

我们的出路在哪里？对于如今尴尬的现状，调解人和当事人双方都

争议解决体系远不止于调解

调解无处不在，生活本身即是调解。我们讨论的问题应该是在何种程度上可以推行市场化（流程化）的调解服务？在何种程度上调解人的职业生涯能够与其他争议解决职业相区分？在何种程度上调解能作为一个独立的法律服务行业存在？这些问题的答案如今尚不清晰。如果我们希望解决一个争议的方式能够达到“量体裁衣”的水平，就一定需要知道如何运用争议解决的智慧。所以我认为，如今最好的方式就是维持争议解决领域的“百花齐放、百家争鸣”，这其中也包括律师群体。虽然调解已在争议解决领域占据了一席之地，但它未来的健康发展还需要借鉴其他争议解决方式的长处。

我们现在也帮助一些机构和社区建立并执行系统的争议解决服务，让他们帮助发生争议的群体去解决问题。传统意义上，只有律师是在争议中伸出援手的人，他们会帮助人们面对争议、提供策略、当然还会从不同的角度为其辩护。我觉得调解行业应该具有更广阔的视野，不仅仅是关注调解和争议解决。如果人们不幸卷入了争议之中，他们关注的可不仅仅是最终的解决方案是什么。他们或许更愿意从更深的层次倾吐。我们应该从这个层次去帮助人们走出争议，为最终争议解决方案的形成创造空间。

争议解决体系不仅仅关乎调解，其内涵远不止于此。我们在每一个案件中的言行举止，都使争议解决体系的羽翼更加丰满，也只有这样才可以让争议对整个社会的危害和对整个体系的资源消耗降到最低。

——贝纳德 · 迈耶

有各自的责任。调解人可以提供更好的调解服务，展现出解决争议的创造力、运用更多的调解技巧，让当事人无法基于经验掌控我们的调解程序。或者，如果我们能够摒弃对法院指派案源的依赖，让市场自主选择将合适的争议案件推向调解程序是再好不过的了。

最理想的状况是，当一个争议案件将要进入诉讼程序，各方当事人都会主动选择一个调解人，并在充分准备之后安排一次调解会议。在站上法庭唇枪舌剑之前，各方当事人都希望通过调解程序来正确认识彼此对于争议案件事实的主张和立场。换句话说，法院没有必要强制给当事人安排调解的期限，如果某个争议案件适合调解，我们应该相信律师们出于专业认知的判断，会主动在走上法庭之前选择调解程序。这并非痴人说梦，而且在多伦多的法律服务行业已经成为共识，只是这种共识还未越过国境传播到美国。

调解人生何以被规划

刚刚踏入调解行业的调解人常常会觉得自己能够掌控一切，优秀调解人的生活指日可待。他们看到每一个调解人，似乎都有处理不完的争议案件，调解费率“一山还比一山高”。他们相信，只要按图索骥，或早或晚自己也会成就相同的事业。即便是站在金字塔尖，最为知名的调解人也难免会在一开始产生这样的想法。例如，我的一个同行，他向我诉说了最近的心情：“年初的时候我给自己制定的目标是 160 万美元的收入。这是一笔不菲的收入，但即便我没有太多的开支，似乎现在离目标也还有一定距离。我原先觉得自己今年应该有更多的调解业务。”

我对这种心情深有感触，而且认为参与本书编写的其他优秀调解人也会感同身受。但事实是，即便风调雨顺，你也足够努力，但世事总是难遂人愿，这并非危言耸听。即便其实已经足够成功，前方总还是有可能的彼岸。“这还远远不够，我要的还更多。”的话语会让我们跳回苦海难以自拔。

当局者迷，旁观者清。我们在某种意义上都已经到达了成功的彼岸，却因为忘记了出发的方向而没有认识到这一点。许多调解人给自己设定的目标不考虑实际，每个人都想成为下一个托尼·派亚萨！这样的想法让他们忽视了奋斗过程中的美好点滴。

给自己设定一个可行的、能够达成的目标，让自己能够真实地看到职业生涯的发展路径。清醒地认识到两个律师能够很快给你带来 10 个当事人，然后朝这个目标努力，并持之以恒，不能好高骛远、眼高手低。在调解人生涯的路途上，别忘了自己现实的位置。如果发现自己停滞不前，应该停下来看看是否选对了前进的方向；如果发现一切都太过顺利，千万要记住福兮祸之所伏。学会放慢脚步，在调解的道路上感受那些令人称道的瞬间、回味那些打开的心结，不要浪费了你用自己汗水和心血铸就的黄金岁月。

·领军人物的成功窍门·

1. 关注新的行业规则和发展趋势

新的行业规则和发展趋势会直接影响一些习以为常的程序和技巧。关注法律动态，并参加争议解决领域各类行业协会的事务，及时从中感受到在自己执业领域的立法动向。

2. 记住，成功只属于全职调解人

如果你的目标是成就一番专业且宽裕的调解事业，这个具有野心的目标是需要时刻关注调解行业方方面面的。成为一名成功的调解人，并保证自己在调解行业中的领先地位本身就只能是一项全职工作。在实际调解之外你需要付出的努力和投入的时间才是决定性因素。无论调解行业在未来的发展方向和潮流如何变化，成功的调解事业只取决于以下两点：优质的调解服务和高效的宣传营销。

3. 蓦然回首，已渐入佳境

如果热爱调解，废寝忘食的工作节奏和精益求精的工作态度都不在话下，一路走来的每一步都留下了深深的烙印。如果你的目标似乎永远无法实现，那么放慢脚步，环顾四周。虽然离自己的目标还有一段距离，但你或许会惊喜地发现，自己调解事业的每一步都走得那么坚实，早已渐入佳境！

第拾课 CHAPTER 10

金牌调解人的执业指南

调解理念

将调解事业视为自己的使命

如果每天都能看到自己的调解事业在进步，并对上天眷顾心怀感激的话，调解人就是一条适合你的职业道路。让调解成为自己的使命能够促使你把调解当作“事业”来看待：与其说是一种职业的选择，毋宁说是命中注定，调解带来的职业满足感充盈着你的内心。如果没有这种命中注定的感觉，想要攀上调解行业巅峰的概率会很小。反之，辅以辛勤的汗水和不屈的韧性，你一定能在调解行业里展翅翱翔。

从现在起就以调解人的思维去思考

即使是在你的调解事业刚刚起步的时候，也要立刻构建起调解人的思维：自己就是职业的调解人。用自己的言行举止去实践这种思维，每时每刻都以调解人的身份示人。这样一来，你会发现日常生活中大大小小、不可避免的矛盾争议都会迎刃而解，你会不断地想出解决问题的办法。一次调解结束之后，你需要逐步回顾每一个细节，从不同的角度观察，并看看是否还有调整的余地。每一次的培训教学课程也会让你的调解技巧更加娴熟。每一次调解中最大的挑战，即寻找打开当事人思想桎梏的契机，会拓展自己的思维、提高自己的能力、精进自己解决争议的技艺。把调解当作呼吸的空气和生活的养分有助于你不忘初心，在调解事业发展的道路上渐行渐远，并让你能够达成梦寐以求的理想。

□ 生活中的点滴都足以让调解技艺更加精进

并非只有在调解会议室中才能够磨砺自己的调解技艺。日常生活中处处都是争议，每一个问题的解决都有助于调解技艺更加精进。无论是调停两个小孩儿之间的打闹，还是解决收银员与顾客之间的误解，你都可以从中汲取到调解的养分。更为重要的或许是，当生活点滴都充满了调解，调解人这个殊荣已经非你莫属了。

□ 注重“打交道”能力的培养

调解就是让沟通变得简单，这是一种能够为形形色色的“人们”伸出援手、理解、共鸣，和关怀他们的能力。想要为自己的调解业务积累口碑进行宣传营销，意味着你也需要具有与各色人等有效沟通的能力。优秀的调解人可能性格各异，或内向，或外向，抑或是介于两者之间。但最优秀的调解人毫无例外地都擅长与人“打交道”——他们喜欢维系老朋友，也喜欢结识新朋友。他们真心实意地为别人着想。某一些调解人的这种能力与生俱来，其他人则是后天习得这一至关重要的能力。如果不是个天生的善于打交道的人，那么你需要尽可能学习这方面的技巧——在酒会上面对众人说出祝酒词；试着让自己专注、真诚地聆听别人的倾诉；成为一名“倾听者”，将自己置身于人群之中不断地练习、练习、再练习。剩下的，就是放松并享受这样的过程。

□ 坦然接受失败

通往成功的道路上总是“荆棘满布”：当某位客户在两个或者更多

履历相当的调解人之间犹豫时，最终注定会有人要面对“失败”。无论站得多高、失败依然会是常客。即便难以将失败作为成功的起点，至少也应坦然放下失败的负担——这是调解人生活的一部分。无论如何，将自己的风采展现出来，让客户能在第一时间想到你就已经足够！

□ 持续跟进每一个调解案件

成功永远不会眷顾半途而废的人。对每一个调解案件都需要竭尽全力，只要能够有助于争议解决，都需要努力尝试，这是所有谈判协商的应有之义。轻言放弃会让自己被贴上“不值得信任”的标签，更会使你的事业夭折在摇篮中。即便在调解会议时没有找到双方握手言和的契机，第二天你仍然不能放弃，要持续地跟进案件进展——打电话、发邮件、登门拜访，甚至再次调解。这些努力通常都能换来争议的解决。即便遇到一些确实没有调解可能的案件，你为了促成调解所付出的努力不会辜负任何人，客户也好、当事人也罢，他们都看在眼里、记在心上。

□ 信任是一切的根基

值得信任是所有调解人努力积累的口碑。假设没有信任，调解也无从谈起——就这么简单。最优秀的调解人是那种能赢得信任，并不辜负这种信任的人。一旦接手某个争议案件的调解工作，你就得开始争取客户的信任。即便最糟糕的情况——争议本身已经让客户失去理性的情况，也一样如此。保持中立和公允的处事态度，明天总是一场新的调解。

□ 开诚布公地调解

建立信任的前提是开诚布公。时时刻刻面对形形色色的调解客户，你仍然在每一个分岔路口的抉择时不忘初心。所谓分岔路口也包括你内心矛盾的时候——是否应该向自己或者别人吐露实情。无论如何，保持中立和值得信任才是关键。争议本身和调解生涯的发展道路未必总能掌控在自己的手中，面对自己内心的真实想法才是保持前行的力量源泉，才能够引领自己穿越争议中那些“真实的谎言”，用你的真诚走入客户和当事人的心底。

□ “耐心，信心和恒心”，缺一不可

每一位站上巅峰的调解人都对此身体力行，因为他们深知耐心、信心和恒心对于调解生涯发展的重要性。调解业务想要步入正轨少需三年、多则五年，不要心急。笃定心意，坚定地走下去。相信自己的能力、相信你将会拥有成功的调解事业。同时要狠下工夫磨砺自身的能力和技艺作为支撑，并顺势而为。

□ 舍得为业务发展投入时间、金钱和精力

名副其实的成功往往更多取决于运气——但运气只会眷顾那些投入巨量时间、资源和精力的人。尽力保证调解的成功率，并把所有的资源投入到宣传营销之中，确保人们认识你，知道你是一个调解人。你持续不断为调解业务长足发展所投入的每一份精力和每一分钟都会带来业务资源的“收益、分红和新机遇”。

□ 不能半途而废

调解行业的现实就是“一将功成万骨枯”，“垫底”的总是那些轻言放弃的人。持之以恒是在这个行业里变得优秀的先决条件，这同时也意味着你不能忽视每一个不起眼的细节。即便某一封寄送给客户的感谢信石沉大海，即便似乎再也没有看到这个客户的反馈或消息，也不能想当然地放弃这位客户。再拨通一次电话，跟进一下那个调解案件，看看还有没有自己能够提供服务和帮助的地方。即便对方的答案是否定的，不要气馁。只要自己能够保持积极乐观的心态在调解行业里奋勇前行，终究可以拨开云雾、与优秀者为伍。宣传营销的努力不可能立马产生收益，记住这一点很重要。坚持到底才可能引领行业潮流！

□ 培养创造力和创新的思维

拥有创新思维的人会在调解行业中如鱼得水。但要记住，不仅仅是在帮助客户解决复杂争议时要运用创新思维，在进行宣传营销时也应该不断创新。即便你喜欢在工作时着装保守，但客户步入调解会议室的初衷就是从你身上得到一些意想不到的争议解决方案。在调解的每一个细节都发挥自己的创新思维和调解才华吧。

□ 永远保持同理心

每个人都会倦怠。但是，在调解行业中生存下去的前提却是要保持自己对争议的新鲜感和“饥饿感”，对于争议当事人的同理心是支撑调解业务发展的核心。一旦发现自己在调解之中对争议中的情绪变得麻木或公事公办，要迅速采取纠正措施，即便这与调解本身无关。与其他调解人之间互相交流、“互通有无”是让自己再次燃烧斗志、重新起航的一计良策。或者，你也可以给自己来一场“充充电的旅行”，行千里路的所思所想都有助于定义自己未来调解事业发展的方向。

常怀感恩之心

无论如何强调调解行业的个性化都不为过。在调解案件中，所有日常生活中的细节对于争议各方情绪的影响都会被放大。在调解案件结束之后，记得应对客户和当事人心怀感恩。你可以通过寄送感谢信或者致谢邮件的方式对他们的参与和专业表达谢意。感恩的表达本身就是收效显著的宣传营销手段，这样的细节不仅能够让客户群体记住你，更能够从内心里产生对你的认同感。

调解目标

明白自己追求的成功是什么

如果缺乏目标，所谓的理想国就永远若即若离！作为调解人，你所期待的成功是什么？盲从的热情无法引领你到达成功的彼岸。或许自己追求的是在工作内容的选择上心随所愿？或许是腰缠万贯？又或许对自己而言，享受工作、助人为乐、体面生活，并且能够有些时间陪伴家人就是成功。目标无所谓远近高低，重要的是让自己能够沿着一个方向勇敢前行。

□ 不要好高骛远，评估每次的进展

如果认准了调解事业发展的方向，就相应地制订财务和业务发展计划。把自己定义的成功具体化。想要达成所愿需要在调解事业发展的每一步取得怎样的成就？定期评估自己的进展，不经意间的时光流逝之间，你会惊讶地看到自己的进步。

□ 根据自身情况制定目标规划表

基于自己的调解业务情况制定目标规划表。步步为营的状态是支撑持续胜利的前提条件，这也能够避免走上弯路和歧途、防患于未然。这不仅有助于自己规划业务发展的方向和具体计划，同样可以让自己免予希望落空的颓然。第五章提到的目标规划表模板很实用。

□ 规划财务发展路线图

如果调解日程表上的安排空空如也，恐怕也很难真的以调解为生。实事求是地认识自己在财务上实际的需求，并制定相应的财务发展路线图。将未来十年的收入预期制表，让自己能够真切地看到在未来的调解收入将会如何增长。这样一个简单的图表有助于让你不轻易气馁，那些原本看起来遥不可及的财务目标在不断地努力下很快就能令人惊喜地成为现实。当然，你也需要根据进展情况时常拿出自己的路线图重新进行评估、让自己保持进展。

□ 将宣传营销工作列入工作日程

将所有宣传营销工作统筹起来，创建一张专门的工作日程表。当自己的调解日程表没有安排时，把宣传营销工作的日程表拿出来看看有什么需要着手推进的工作。当然，你也可以每周抽出专门的一天时间用来开展宣传营销工作，或者保持类似的规律。调解之于调解人而言当然是一件乐事，但通向成功的道路上也不能缺少宣传营销并融入市场的努力。

□ 无须妄自菲薄

有的人可以永不停息地奋斗，即便实际上已经站在了行业的巅峰。如果你都已经忙得顾不上感受自己的成功、忘记了自己俨然已是最抢手的调解人的话，试着放慢脚步感受一下生活的曼妙吧。成功值得庆贺，但也千万别忘记分享这份喜悦和经验。

■ 调解业务

□ 制订调解业务发展计划

制订调解业务发展计划的好处是确保自己不会误入歧途。这是正确看待自己调解事业并按部就班的方式——明确发展目标、规划财务目标、关注并分析自己的现金流情况。如果对于商业一窍不通，那么可以请求专业会计、财务顾问、或者商业导师的帮助。这有助于让自己正视商业运营的专业性和重要性，并保证自己的调解事业能够基业长青。

□ 是否结束原先职业工作取决于过渡期的发展

优秀的调解人会指出，“想要坚持到成功，就不要轻易放弃原先的工作！”但同样是他们的话语说道，“如果想要真的成功，你必须全职投入。”这似乎不符合逻辑。但正如书中反复提及的那样，想要在调解行业中站稳脚跟需要耗费三年到五年的时间。在调解事业起步阶段，尤其是从原先职业转型调解人的群体，你的日常开支必须依赖其他的收入来源——所以不能轻言辞职！但是，当一切终于步入正轨后，你就必须做出选择，并全身心地投入调解事业之中。当你还没有全职开始调解人生涯的时候，别忘了花足够的时间去想一想，自己应该如何尽快完成过渡期的发展，为全职调解事业的发展夯实财务基础。

□ 与不同的调解人合作共赢

零和博弈对调解行业而言毫无益处。职业调解人之间大多都互相结识，他们的和蔼性格往往有助于与同行同辈建立长期友谊。加入各种调解组织或者调解人组织往往能结识其他一些超负荷工作的调解人以及一些执业范围和地域都有合作需求的调解人，你可以从他们那里获得新的调解案源。

□ 研究自己的市场细分策略

如果你的目标是开拓高端案源，并在摸爬滚打中迈入高端争议解决市场的门槛，这就是时候要明确下一个目标了——对自己的调解业务种类进行权衡，看看是否有可能将整体调解业务划分出一个层级。例如，把复杂重大的调解案件和简易小额的劳动案件区分开来。根据自己调解业务发展的实际需要，可以考虑吸纳合伙人分担一些自己无暇处理的调解案件，尝试着和他在案源拓展方面取长补短。这是可以在案源拓展上实现互利共赢的合作关系：你们共享更大的客户群体、形成一个新的通讯录，并让你们在良性竞争中重拾初心。

□ 风物长宜放眼量，学会应对调解行业的周期波动

行业周期和业务波动也是调解行业的市场规律，要正确认识它。旺季时门庭若市，淡季时也可能门可罗雀。度过这种周期波动的关键在于善用闲暇的时光，而不是徒劳地慌张。把闲暇利用起来投入到宣传营销工作之中，例如在法学期刊上撰写一个专栏之类。简言之，就是劳逸结合、自得其乐。

□ 如果缺乏企业家精神，加入争议解决机构的调解人名册是更好的选择

想要加入调解人名册的前提是你已经颇具口碑，所以这一条并不适用于刚刚起步的调解新人。尽管如此，如果你发现自己并不适合独立执业，那么选择加入争议解决机构的调解人名册是调解业务发展的正确选择。调解机构的办公配套服务和设施可以分担宣传营销工作、案件管理工作、日常行政工作，以及财务账款工作。这可以大大减轻你的执业压力。但不利的影响在于，这会模糊你调解服务的个人特色，沦为附属机构的一个名字而已。若别无他选，尽量在你的调解实践中保持自己的个人特色。

工作场所

不必局限传统的工作场所概念

即便有属于自己的调解中心，也很少见到某个调解人会固定在这里进行办公。有一些调解人几乎每天都奔波在外。要让自己的调解实践适应不同的工作场所。在候机室，你只需要一台笔记本电脑或者一台智能平板机就足以完成邮件收发和文章撰写的工作。可以利用长途旅行的时间与客户通话、调解，也可以和调解中心的行政管理人员沟通、安排。在办公室埋头苦干也尽量不要超过凌晨两点，把案头工作放一放，回家、放松、在家里把剩下的事情做完就好。

通过工作场所的布置传递个性信息和价值理念

在调解中心布置一些能够体现个人偏好和个性的“道具”有助于自己和客户之间亲近感的建立。这足以让你的喜好展露无遗，客户也会愿意在这样的环境中进一步地了解你的为人。以这种亲近的方式相互了解可以减轻当事人的抵触情绪，营造一个有利于促进他们吐露心声、回顾细节的心理环境。而且，对于你个人而言，难道不是更符合自己品味的选择吗?

以当事人是否感觉舒适为尺度进行投入

为了给客户营造舒适的调解环境，要不惜投入。无论是背对背还是面对面的调解会议，都要展现你真切的关怀。一把舒适的椅子，一杯上好的咖啡，还有精心准备的调解环境，千万不能低估了这些安排对当事人心理的影响。当你对客户的需求无微不至时，无论在争议案件的调解中，还是从基本的人性出发，他们都会更乐意从心理上接受你和你的建议。

□ 没有“必须”的配置

记住那句话：“你不需要任何杂物，办公桌也一样。”坐在办公桌前一整天会让人误以为自己度过了忙碌的一天。如果你需要工作，那就扎扎实实地工作。如果今天没有调解安排，可以在宣传营销方面努努力，或者干脆好好休整一天。如果需要回复邮件或者撰写文章时，打开笔记本电脑在任何一个地方就可以做到。如果真的需要一个办公桌，那就在家里放一张吧。

□ 梳理不必要的工作内容

即便没有了办公桌，可能仍然处于琐事缠身的状态。教学活动、撰写文章、参加培训、走访客户等，有太多的工作让你分身乏术。你需要梳理所有的工作，减少客观上无法拓展并产生案源的工作内容，集中精力在更有益的核心工作上。梳理不必要的工作内容，分辨清楚哪些是长效受益的、哪些是徒劳无益的。

□ 避免手机综合症

我们似乎已经离不开手中的手机，几乎不分场合都盯着手机屏幕，似乎大家都习以为常了。但是当你需要与人沟通、即时交流时，这样的行为无疑有损专业的形象。在调解的过程中，或者和客户会面、共进午餐的时候，不断地分神查收电子邮件、查看手机信息的行为无疑是在疏远你和客户的心理距离。如果你无法保持对于人们的关切，那么他们也能够随时寻找下一个调解人，一个能够专注于他们争议需求的调解人。

市场定位

不必追求面面俱到

你或许想当然地认为应该以全能型调解人自居，自称专精一切领域，这样就不会错过任何一个可能出现的调解案件。然而现实却截然相反。没有人能够在调解行业里做到面面俱到。你若声称自己能够调解所有类型的争议案件，想象自己有能力获取所有类型的调解案源，现实对你而言将会格外残酷。"什么都会"等于笼统的"什么都做不好"。如果说调解行业是一壶烧开的热水，那么这样的宣传效果无异于帮助真正专精一隅的调解人像水里的气泡一样上升，而你却被挤在底部，他们的专业反而可以脱颖而出，与你的笼统形成鲜明对比。

术业有专攻

在为自己调解业务发展布局时，要能够在专业上扬长避短，这才能让自己脱颖而出。或许你曾作为一名专精于集体侵权争议事件处理的律师，或许你擅长于运用心理学技能弥补人们在争议中产生的裂痕，又或许你曾是熟谙保险行业索赔技巧的行家里手，无论原先的专业背景如何，都应该将自己的调解实践与专业结合起来。没有理由放弃自己擅长的领域，贸然在毫不熟悉的专业领域从头学起、艰难开展调解业务。摸着石头过河的时间成本是调解人无法承受之重。

□ 明确自身的专业偏好，明确目标，不必左顾右盼

一旦选择了自己的市场定位，所有的宣传营销都要针对目标客户有的放矢。举例来说，如果擅长领域是知识产权，那么就要确保自己在知识产权圈子里有一定的话语权，让人们知道这是自己执业的专业领域。面向知识产权律师群体或者软件开发商发表演讲，在合适的期刊上撰写文章。参加知识产权领域专业性行业组织的活动，了解这个领域的游戏规则和客户需求。不久后，身边的知识产权争议案件就会自然而然敲门而来，你的专业形象也就能不胫而走。

■ 宣传营销

□ 精湛的调解技艺

最好的宣传营销并不是花 2000 美元在当地的法律期刊投放广告。保证能够给当前的客户提供最优质的调解服务是宣传营销的根本。令人满意的调解服务会让客户自然而然成为你最佳的代言人。保持这种客户满意度，他们就会不断给你带来新的调解案源。

□ 津津乐道的调解轶事

你的噱头是什么？假设没有留下值得人们回味的谈资，自己也就只

能是隐藏在一长串调解人名单中的普通人而已。如果人们能够将调解轶事和你的名字联系起来，这种噱头就会成为具有说服力的宣传营销资源。成功解决争议问题所积累的口碑就是自己最好的噱头，但最好不要王婆卖瓜——你需要建立外部的宣传营销资源。想要达到这种效果，你需要和目标客户群体建立联系，譬如加入律师协会的专业委员会，并积极参与相关活动。在目标客户群体广泛阅读的刊物上刊登文章也是如此，你要让人们知道你，让他们能够谈论与你相关的话题。简言之，就是将自己的名字置于聚光灯下，并努力工作让自己一直站在舞台的中央。

□ 看清供求关系，采取差别化竞争

调解人的人数远远多于调解案源的数量，这是如今残酷的现实。所以调解人尤其需要明确自身的市场定位和调解服务的个人特色，你需要明白如何让客户群体和潜在的客户群体认同你的独特价值。解放思想，找到有吸引力的宣传营销方式让自己在人群之中脱颖而出。保证自己的名字和相貌能够在目标客户群体面前有足够的曝光频率，让他们时常能够想起自己、能够尊重自己。无论选择何种专业领域拓展调解业务，一定要采取差异化的宣传营销策略。

□ 拓展外部营销资源

作为调解人，尤其是独立执业的调解人，往往需要独立承担商业运营的重担。如果有合伙人或者客户能够作为外部宣传营销资源去传播自己的口碑、推荐自己的调解服务、基于友谊和认同帮助自己进行宣传营销工作的话，无疑能够大有裨益。尽力去拓展这样的外部宣传营销资源，接触那些具有影响力的人，获取他们的信任和背书。这样一来，在竞争激烈的争议解决市场中你就掌握了足够的外部宣传营销资源，不仅事半功倍、更会在不经意间带来喜出望外的效果。

□ 通过“道具”展示真实的自己

用那些对你而言有特殊意义的“道具”布置自己的工作场所，这些“道具”展示出来的是真实的故事和真实的自己，让人们多一个了解你的渠道。这个时候，你就不再仅仅只是那个能够解决争议问题的调解人了。你还是那个痴迷于手工雕刻，且对此滔滔不绝的美国人，或者是那个拥有早年棒球明星亲笔签名棒球棍的人，或者是坐拥珍贵图册和史料的人。这样的宣传营销效果不仅有效，而且轻松，让人们能够对真实的你感到亲近。

□ 参加培训教学活动也是一种宣传营销

教学活动是招徕新客户的良方之一。许多听你演讲的律师不太可能全职投入成为调解人，但是当他们手头有需要调解服务的案件时，曾经作为讲师的你就会是不二之选。另外，作为教学活动的额外奖励就是可以获得很多免费的宣传营销利益——许多学校都会印制课程宣传册和广告，并对课程的讲师赞赏有加。你的名字、简历和照片能够为更多的人看到。而这都是参加教学活动的额外收益。

□ 优秀的调解人不仅能言善道，也要勤于笔耕

总是谈论一些陈词滥调或者就此撰写文章不会对自己的调解业务发

展有太多帮助。但是，如果能够在自己擅长的领域用演讲或者撰文的方式将具体问题娓娓道来，将会有助于树立自己的专业口碑。保持对于目标听众兴趣的掌控力，尽力扩大这种宣传营销的效果——不仅要对客户关心的问题言之有物，也要在客户能够看到的刊物上笔耕不辍。

☐ 找准自己业务来源的“看门人”，并与他们维系良好的合作关系

假设人们青睐自己作为调解人的人选，那么要对这种信任倍加珍惜。当事人主动选择调解人的情况远远少于律师，律师群体才是需要解决一个又一个争议案件的客户。这也是为什么我们把律师群体称为“看门人”，是他们在不同的诉讼案件中考虑不同的调解人人选。在公共政策博弈的领域，政府机构也是一种“看门人”。还有某些大型企业，他们也会就常规业务争议的调解服务形成一定的调解人人选偏好。一旦找准了自己调解业务的“看门人”，就要积极与他们建立联系，发展并维持良好的合作关系。

☐ 蝴蝶效应在宣传营销中的应用就是对细节的不懈追求

哪怕在最微小的细节上作出的努力，产生的影响都有可能会超出想象。不需要眼高手低、总想在重大场合再来表现。或许在一次简餐会上的发言就能让某位听众对你的专业感到印象深刻。口口相传之后，或许某位急需这方面专业调解服务的客户就会找上门来，调解人生涯的转折往往就是在不经意间的某个瞬间发生。这样的蝴蝶效应并非有意为之，但并不意味着只能听天由命。想要利用蝴蝶效应，你需要看到细节里的“魔鬼”，注意与每一个人的言谈举止都能得体且专业。要相信一切皆有可能。

"下竿之前先弄明白池子里有没有鱼"

对于永远不会有调解服务需求的人群布道并没有太多意义。参加交流演讲活动是必需的宣传营销手段，但如果对象和听众里没有你设定的潜在客户群体，那无异于是浪费时间。针对自己选择的市场定位，在演讲中、在文章中、在所有的宣传营销努力之中都要有的放矢，要做到能和客户群体共鸣。与目标客户群体打交道，并乐在其中！

善于利用近因效应进行宣传营销

人们最后一个交谈的人，往往是他们第一个想到的人选。与客户和潜在客户群体之间需要经常走动，看看曾经那个调解案件现在进展如何，或者询问是否有什么你能够提供帮助的事务。在客户群体关注的期刊撰写文章，或者是在客户群体参加的研讨会上进行演讲，通过这些方式让他们能够永远在第一时间想起你的名字。一旦他们需要调解服务的时候，你就会成为客户群体心里的不二之选。

不断更新扩大自己的通讯录信息

遇到的每一个新朋友都应该征询对方的意见——是否可以将他们列入你的联系人通讯录？是否愿意订阅你的时事通讯？是否愿意接收你的宣传营销邮件？整理通讯录时应注明结识的场合、他们所属的机构、你们共同经历的调解案件、最后调解的结果如何等。每次需要例行问候的时候，别忘了利用这份通讯录。在合适的时机要给他们发送致谢信和节日问候。

□ 建立一个用户友好型的网页

当今世界，谁都离不开一个网页，个中奥妙在于尽可能让网页的信息变得简洁。你所需要做的是在网页填充“刚刚好”的信息内容，让人们愿意拨通咨询电话。当然需要包括最基本的信息，如简历、执业简历、个人照片、发表文章情况、客户的评论和关于你的正面报道。但是，一定要给对方拨通咨询电话留出理由和空间。为什么呢？因为调解的一切围绕着人与人之间的交流，而不仅仅是纸面上的文字信息。你只需要让他们在产生调解需求时记得起你就足矣。

□ 避免时事通讯被垃圾邮件过滤系统过滤

没有人喜欢被垃圾邮件骚扰。如果你保持向联系人发送时事通讯的习惯，一定要确保提前征询过对方订阅与否的意见。如果人们愿意订阅你的时事通讯，那么你需要确保每一次都能提供对于他们来说有价值的信息内容。行业动态、实务贴士、技巧总结等，让人们能够学以致用的信息内容。

□ 保持多元的宣传营销路径

人们接收信息的方式多种多样，有人阅读在线版《纽约时报》、有人习惯每天查看门口的邮筒。所以要确保自己的宣传营销覆盖了足够的途径——看得到的，摸得到的，能够体验你的个性化服务的都需要，要重视利用多样化的宣传营销方式去迎合客户群体的需求。节日问候的卡片、电子邮件中的时事通讯、自己网页的链接地址、近期发表的一篇短文、法律类期刊上适当的广告投放、午餐会时的发言等。综合运用诸如此类的各种方式才能在最短时间内收获最大的宣传营销效果。

□ 投放频率远比版面大小重要

在目标期刊上投放一些包含事务所名称和个人照片的平面广告目的仅仅是让人们知道你仍然活跃在调解行业里。不必将宣传营销的重心放在这上面，这一类宣传营销方式的功能仅仅是维持曝光率而已。

□ 广告平台的选择应有针对性

大量在市场畅销的刊物上投放广告似乎能扩大宣传营销的效果，但当某个人的名字和面容铺天盖地，而且不分专业、不顾档次，这往往会适得其反。选择调解人的客户永远不会因为铺天盖地的广告做出选择。如前所述，此类平面广告投放的目的只是告诉人们你仍然提供调解服务而已。慎重地选择广告平台、持续性地进行广告投放才能达到理想的宣传营销效果。

□ 演讲内容和互动性是关键

每次登上讲台进行演讲时，要牢记以下五个演讲要素：

1. 尽量争取单独的发言机会。相比专家组交互研讨的发言方式，单独演讲更容易让人们对自己印象深刻；

2. 善于引导听众的注意力。在讲台面对听众与在调解会议室中面对当事人需要相同的技巧。如果你没有办法引导听众的注意力，听众也会很快“沉沉睡去”；

3. 针对听众关注的问题给出自己的解决方案。大部分的演讲场合，听众想要听到的是能够在工作中学以致用的信息内容。你需要顾及听众的专业需求有的放矢；

4. 与听众保持互动。一个人在讲台上长篇大论往往是高效催眠剂。向听众抛出问题、和他们保持交流对话，要善用这种方式来活跃演讲气氛；

5. 演讲内容要符合听众的口味，且不能超出他们的话语体系。不同的听众群体之间犹如相互独立的大洋岛国。每一个群体有属于自己专业的话语体系和交流习惯。如果你对此一无所知，再好的演讲内容对他们来说也就像天方夜谭。

收入与支出

评估自己时间的价值，并设置相应的调解费率

恶性价格竞争不仅贬损自己的劳动成果，更伤害了整个调解行业的良性发展。然而以奇货可居的心态来定价也会让自己门可罗雀。你需要认真衡量自己所处的调解市场接受程度，设定并坚持对得起自己劳动成果的调解费率。如果你都不在意自己劳动成果和付出时间的价值，谁又会在意呢？

尽量让调解费用简单易算

尽管基于调解案件复杂性来确定调解费用的方式很有说服力，但是这种方式也会模糊自己的市场定位。账单账目的设置和在调解中与客户

的沟通有异曲同工之处——尽可能简洁明了。尽管这种调解费用的设置方式会让自己错过一些领域的调解案源，但换来的是争议解决市场中更能够体现你调解服务价值的那部分调解案源——例如，那种诉讼代理律师们不顾成本必须解决的调解案源。

□ 保证调解收费方式的可预期性

惊喜和惊吓两者之间一字之差，但客户群体永远只喜欢前者。花一些时间衡量一下自己的调解费率是否符合自己客户群体的偏好和承受能力——他们喜欢半天计价还是全天计价？你需要在调解会议之前预收费用还是根据实际调解时长事后结算？取消调解预订需要收费吗？还是你觉得更改调解日期也不会对费用产生影响？每个人都有不同的偏好，在调解收费方式的确定这一方面更是没有“正确”的方式。重点在于让你的调解收费方式符合客户群体的预期。

□ 控制日常开支的规模

想要作为调解人能够体面生活，将日常开支保持在合理范围内是关键。办公室的装修无须奢华，行政辅助人员的配置也应避免冗余。大部分调解人都不会在自己的办公室装修上投入太多，因为调解人的客户群体更多的是律师，在律师事务所里有足够充裕的会议室和办公室可以利用起来。还有一些调解人更是常年飞来飞去。在行政辅助人员配置方面，绝大部分调解人也不必过分投入。最为关键的是确保在自己抽不开身时，咨询电话里的客户仍然能够听到热诚的问候，并能够得到周到的辅助服务。除此之外，其他的行政辅助事务都可以交由兼职人员或者临时人员完成。

□ 注重人力成本的投入

将日常开支保持在合理范围绝不意味着要去克扣雇用人员的工资薪酬。一个出色的行政辅助人员可以恰当且妥帖地处理每一通咨询电话，他（她）就是你的代言人。对于雇员投入的时间、金钱、和关怀——更高的工作满意度往往能够带来更多的调解案源和调解收入。让他们尽量灵活地安排工作时间，也不要吝啬给他们足够的假期。

□ 选择利润丰厚的市场方向

不同领域的调解服务能够获取的调解报酬注定不会一样。如果选择了利润较薄的领域执业，你将不得不面对一个事实——只有凤毛麟角的调解人能够在这个领域内靠调解服务获得体面生活的机会。这在社区争议解决和家事争议解决的领域颇具代表性。如果选择利润较为丰厚的领域提供调解服务，就不太需要为生活而发愁。通常，这样的调解案源来自涉及多方当事人、争议利益巨大的诉讼案件。如果通过调解获得体面生活是你从事这个职业的目标之一，那么在具体执业领域选择的时候就要结合自己的专业兴趣和财务目标考虑周全。

□ 金钱不是唯一的业务发展目标

即便你从事调解的主要目标就是成为收入顶尖的调解人之一，但也不要让自己所有的调解实践都为金钱所累。调解是关乎于个人和个性的专业服务，以人为本的情怀和实践往往是在更长的时间里获取成功的不二法则。

业务发展

调整改进自己的业务发展模式

调解生涯是动态发展的。每一次成功的调解在很大程度上取决于你对于细节的把握和对于当下信息的接受程度，你需要拿出自己的看家本领认真对待。无论是在工作之中，还是在日常生活之中，若能留心观察，总是能够找到调解技艺精进的突破点，对于日常实践的认识也能从中获得新的启发。允许自己失败，从中汲取教训，并为下一次的成功夯实基础。

保持对新事物的学习热情

与同行同辈之间应该经常交流，并为自己制订学习计划。调解人入门培训的40个小时仅仅是开始而已，这个行业需要你“活到老，学到老”。不管是读书还是撰文、不分是参加培训或者教学演讲，也无论是对同行的经验之谈洗耳恭听还是在专业问题上各抒己见，都能让自己获益匪浅。学海无涯，要时刻“上下求索”。

找一名调解导师

调解事业起步阶段，在功成名就的优秀调解人中找到一名与自己有共同价值观的导师有助于加快自己迈向成功的脚步，你需要成为他（她）的门徒。哪怕只是在一旁观摩优秀调解人进行一天的调解，恐怕能抵得上参加一个 6 星期的调解培训课程。与优秀的调解人建立联系，并直接学习他们丰富的调解经验将让你迅速在白热化的竞争之中脱颖而出。但求学的同时也要学会奉献——看看自己能在什么地方回报导师：帮他们处理一些琐碎之事，例如，帮助跟进调解案件的后续进展、协助整理杂乱的案卷文件、协调多方当事人的不同安排（要知道，工作量可不小）、接手代为处理一些简易的调解案件等。知恩图报是确保自己能够从优秀调解人那里不断观摩、不断学习他们经验的前提条件。

□ 启导调解新人

假如已经成为了优秀调解人中的一员，那么主动启导调解新人事实上就是让自己在专业和业务上更上一层楼的方式。拥有十八般武艺只能保证自己能够独孤求败，而将自己的武功心得、坚兵利器和独门秘笈在徒子徒孙中代代相传才能够号令江湖。要保护那些心怀热忱、前景光明的调解新人，拿出优秀调解人对于调解行业应有的担当，努力为整个调解行业的进步和调解服务质量的提升做出贡献。这不仅能够让自己也从中获益，更能够让自己的执业生涯得到升华。

□ 保持竞争力

在调解人群体之中保持竞争力的方法是看清楚调解行业发展的趋势。对于那些将会影响到调解行业的新法律、行政法规和公共政策应有所把握。即便自己不曾当过律师，保持对于法律类刊物的关注也是很好的习惯。那些调解的刊物，还有与自己执业领域专业知识相关的刊物自不用多说。

□ 更加积极主动

在争议解决体系之中，调解只是整个工具箱中的一个选择。或许未来的争议解决服务不再局限于被动的调解，需要我们更多地在争议前段提供服务、主动积极地为客户防患于未然。要打开眼界，更多地了解促进争议解决的方式方法、与客户合作、或者采取其他更有创造性的争议解决服务方式。我们不能故步自封，未来的调解是全球化的调解。现在就可以开始考虑与其他国家的调解人进行合作，更多地了解跨国争议、更多地介入跨文化冲突、融入这个更加广阔的世界之中。

■ 创造价值

□ 竭力为人们创造价值

对调解人来说，调解服务的内容除了解决客户和当事人的争议问题，还包括在这看似艰难漫长的调解过程中给予他们的真挚关怀——两者缺一不可。除了成为一名优秀的调解人之外，为人周到、乐于助人的言行举止也能为自己积累更好的口碑。例如，在当事人之间的谈判中，调解人也可以为他们提示一些争议解决的要点，甚至用自己的争议解决经验引导客户和当事人尽可能摆脱原先争议状态中的对立情绪。同时，一些细节的服务内容也能够为人们创造一定的附加价值，如免费提供午餐、糕点、茶歇等周到的考虑，也譬如持续跟进争议进展和免费处理一些简单的案件材料等。

□ 宣传营销也应注重价值内涵

面向潜在客户群体的演讲目的是用自己的调解技艺和调解服务去打动他们当中的某些人，所以千万不要让听众都睡着了！那些关于调解优势和好处的陈词滥调或者是那种像极了产品推介的发言内容，还有那种对着幻灯片照本宣科的演讲方式都让人厌倦。每次演讲都得确保自己的发言内容能够有一些新观点或者一些引人入胜的话题。如果是撰写文章的话，也要尽可能深入浅出地将自己的调解技巧和技艺都展示出来，并让人们能够学以致用。只有在宣传营销中保持这种开放分享的心态才能够打开一个向自己开放分享的市场。

□ 回馈整个调解行业

在调解行业里顺风顺水就应确保自己对整个行业有所回馈。志愿参与公益调解服务不仅仅是“可以为之”，而是“必须为之”。我们可以参加到专业的调解人组织中，分享我们自己的调解经验并帮助那些刚刚踏足调解行业的调解新手快速成长。这也是我们回馈整个调解行业的方式。

□ 尝试公共政策制定领域的博弈

公共政策领域的调解业务可能未必像诉讼案件的调解那样利润丰厚，无论是针对社区的调解业务还是针对全国范围都一样。但是，在这个领域从事调解事业的影响力将会遍及地区、国家乃至全球。在这个领域从事调解工作需要的是创造性思维和无尽的热忱。即便自己主要的执业领域不是公共政策领域的博弈，但也不妨偶尔地参与其中。这可以拓展自己的视野、获取更全面的视角，并提升自己对于调解的深层理解。

□ 用良好的口碑支撑调解事业的发展

合理设定略高于平均水平的调解费率，并积极地回馈整个调解行业。你对调解服务的精益求精、对调解事业的热心奉献，还有对每一个人的周到和关怀能够让自己的调解事业一帆风顺，让自己在客户眼中、在合作伙伴眼中、在雇员眼中都有口皆碑。对别人心怀感恩、对工作充满敬意，你的调解旅途就能够到达远方。

作者简介

杰弗里·克里维斯自 1989 年起从事调解，是南加利福尼亚州最早的一批律师调解人。在这 16 年中，他调解了数以千计的各式争议，包括集体侵权、劳动争议、娱乐产业、商业纠纷、保险索赔、灾难损害、集体诉讼等。克里维斯不仅仅是这一领域的先驱者，更是该地区最受尊重的调解人之一。

克里维斯自 1994 年起任培普丹大学法学院施特劳斯争议解决研究中心客座教授，负责为律师和法官讲解谈判、调解技巧。正是这种学术与实务的复合背景促成了其著作《即兴谈判：一个调解人讲述的爱恨、金钱的冲突与解决策略》（乔西—巴斯出版社，2006 年）的出版。

克里维斯曾任国际调解人学会和南加利福尼亚州调解协会主席。他被《洛杉矶日报》法律版评选为南加利福尼亚州二十佳调解人。自其被《洛杉矶杂志》以及《法律与政治》（Law & Politics Media）评为“明星律师”起，他一直出现在这一榜单中。在最新一期的《美国最佳律师》（Best Lawyers in American）中，他也榜上有名。克里维斯被马丁代尔—哈博(Martindal-Hubbell)——美国最权威的律师名录评为 AV 级(最高级别)律师。

娜奥米·勒克斯从事出版行业已逾二十年。在此期间，她不仅自己发表作品，也协助他人完成著作（如作为执笔者、合著者、编辑策划以及指导人）。她擅长为作者提供一对一帮助，协助其发掘作品的核心并阐释其观点。娜奥米是 YouCan Write.com——非虚构作品写手们的网络发表平台的联合创始人。

30 名调解人简介

杰夫·艾布拉姆斯与赫姗·艾布拉姆斯，供职于德克萨斯州达拉斯的艾布拉姆斯调解与谈判股份有限公司（Abrams Mediation& Negotiation, Inc.），是广受认可的调解人以及调解培训的专家。艾布拉姆斯夫妇于1986年在德克萨斯州率先与国内当事人及律师合作，通过调解解决争议、创造具有争议解决价值的方案，并协助当事人在复杂的商事诉讼、知识产权、证券、破产以及劳动争议等领域解决争议。在过去二十多年里，他们调解了数以千计的案件。

特蕾西·L. 艾伦，常驻密歇根州萨斯菲尔德，是在国际上广受认可的调解人、仲裁员以及争议解决领域的学者。她在国际商会（International Chamber of Commerce）、国际调解和争议解决中心（Institute for International Mediation and Conflict Resolution）、意大利卡洛阿莫莱研究所（Instituto Carlo Amore）以及培普丹大学法学院施特劳斯争议解决研究中心（Straus Institute for Dispute Resolution at Pepperdine Unversity）等机构任职。她调解或仲裁的案件涉及商事纠纷、证券事务以及劳动争议。她亦有成功解决复杂的家族继承纠纷、环境污染案件、承包人权利保留、涉嫌盗窃资产处置以及高管违反忠实义务案件的经验。

纳塔莉·J. 阿姆斯特朗，作为争议解决领域的实务者及布道者已经超过十年。她是戈尔登传媒（Golden Media）这一争议解决行业宣传营销公司的创始人和主席。她也是争议解决管理有限公司（Institute for Conflict Management, LLC）的董事。该公司已经培训了超过 2.5 万位争议解决专业人士，并且向个人、企业版和政府部门推介调解人和仲裁员。

她著有《ADR 宣传营销策略指南》（The Essential Guide to Marketing Your ADR Practice）。

罗伯特 · D. 本杰明，社会工作学硕士、法学博士，从 1979 年开始从事劳动争议、医疗保障、组织内部纠纷、教育、商事争议、婚姻家庭等各种领域争议的调解工作。他也是培普丹大学法学院施特劳斯争议解决研究中心（Straus Institute for Dispute Resolution at Pepperdine Unversity）的教职人员。他主要负责国内或国际性的有关谈判、调解以及争议解决的会议和培训课程。同时，他也曾发表过若干著作和文章。他还担任在线杂志 Mediate.com 的专栏作家和责任编辑。

艾伦 · 布鲁特曼，自 1991 年开始先后在两家全国较大的多元化争议解决机构——全国裁决中心（Judicate, Inc.）和国家私法法院系统（National Private Court System）就职。1993 年，其与另外两位来自该公司西海岸分支办公室的关键成员瓦尔 · 福克斯和罗斯曼莉 · 楚萨诺一起在加利福尼亚州橙县创立了韦斯特裁决中心（Judicate West）。这一机构主要在加利福尼亚州乃至整个西海岸地区为当事人提供一系列的多元化争议解决服务，包括仲裁、调解以及第三方裁判等。他们因出众的客户服务和高效的行政管理在调解业务拓展、发展以及吸引人才等方面取得了巨大成功，也使其在业内得到了广泛的认可和巨大的成功。

史蒂夫 · 瑟沃瑞斯，系加利福尼亚大学洛杉矶分校（UCLA）传播学专业 1981 届优秀毕业生。他于 1984 年在罗耀拉大学洛杉矶分校法学院（Loyola of Los Angeles Law School）取得法律学位。在校学习期间，他曾担任《罗耀拉法律评论》（Loyola' s Law Review）的注释编辑，也曾撰写了诸多文章。在从事了十五年的诉讼律师职业后，他于 1999 年开始全职担任调解人，专事诉讼案件的条件。

罗伯特 · A. 克里欧律师，在宾夕法尼亚州匹兹堡市从事仲裁和调解工作。他在侵权、劳动、保险、商业、建筑、房地产等领域均有丰富的辩护和调解经验。他也曾在律师事务所中作为争议解决顾问参与重大复杂事务的谈判。自 1979 年开始，克里欧在数以千计的调解案件中的工作时超过了 4000 个工作日，其中包括各类严重的人身损害赔偿案件、伤亡补偿案件、复杂交易争议以及数百万美元级的高端商事争议案件。

乔·爱泼斯坦是国际调解人学会（International Academy of Mediator, IAM）的管理人员，并负责出版物审校。他执业区域跨越落基山脉和西南各州，曾任科罗拉多诉讼律师协会主席、美国诉讼律师联合会管委会成员。爱泼斯坦曾任丹佛大学（University of Danver）的客座教授。他发表了大量关于调解的论文。

加里·弗朗是位于加拿大多伦多的艾格利公司（Agree, Inc.）的负责人，法学硕士学历。他在调解、调解培训、谈判以及其他争议解决领域拥有着丰富的经验。弗朗的工作领域涉及商事争议、人身损害、建筑工程、股权、保险、非法解雇、房地产等方面的争议。他尤其擅长处理复杂的集体争议以及职场争议。

埃里克·R. 高尔顿是德克萨斯州奥斯汀市湖畔调解中心（Lakeside Mediation Center）的调解人，同时担任 GCB 调解人。他也是公认的多元化争议解决领域权威。自 1989 年以来，他开创了诸多调解风格，成功调解了 3450 余案件，调解率超过 91%。高尔顿处理争议的时长从半天到两周不等，执业区域几乎涵盖了德克萨斯州所有城市，个案涉及当事人的数量从 2 人到 125 人不等，涉及不同的民族、社会阶层、政治派别以及不同的商业背景。他的调解案件涉及超过 17 个部门法领域的争议。

哈里·G. 古德哈特曾经是一名诉讼律师。从 1988 年起，他开始在美国东南部从事调解工作，并调解了超过 2800 件州级法院、联邦法院以及诉前的调解案件，涵盖了侵权、商事、建筑工程、社区纠纷、证券、土地使用权、环境、遗嘱认证、渎职行为、劳动、物流、银行、医疗事故和医疗保障、上诉、农业、集体诉讼、执行以及行政诉讼等领域的争议。他擅长于协助当事人及其代理人处理复杂的群体争议和棘手的民事案件。

苏珊·M. 哈默是西北太平洋事务所(Pacific Northwest)的杰出调解人。她曾被评为 2005~2006 年度美国最佳律师。同时她也是国际调解人学会

（International Academy of Mediator, IAM）的会员，并从 1989 年开始担任调解人参与了一系列的商事交易、劳动、人身损害、环境、土地使用权、院校学区等领域的争议。她也是俄勒冈州和华盛顿州律师协会的会员。

克利夫·亨德勒是加拿大争议解决中心（DRS Dispute Resolution Services）的主席，该中心是加拿大最大的争议解决服务提供商之一。他曾任国际调解人学会（International Academy of Mediator, IAM）主席，现任美国律师协会调解专业委员会副主任。在过去十三年间，他在超过两千个调解案件中担任调解人、案件类型涉及保险诉讼、医疗事故、职场争议，以及严重暴力事件。

罗伯特·A. 詹克斯是位于路易斯安那州梅泰里的调解仲裁职业体系有限责任公司（Mediation Arbitration Professional Systems, Inc.）的负责人。他的调解案件数量接近 2000 件，涉及侵权、建筑工程、劳动、商事、产品责任、医疗事故、航运以及特许经营权等领域，并有大量涉及多方当事人的复杂争议案件、集体诉讼和群体侵权等争议案件。

杰夫·嵇查文属于加利福尼亚州处理诉讼案件的第一批调解人。嵇查文是哈佛大学法学院的荣誉学位毕业生（1980 年法学博士优等毕业生）。他 1970 年在加利福尼亚州大学伯克利分校（University of California at Berkeley）获得经济学学士学位，并获得美国优秀大学生全国荣誉学会（Phi Beta Kappa）的会员资格。自 1996 年担任全职调解人以来，他每年调解的各类民事诉讼案件大约在 150 件。他曾任南加利福尼亚州调解协会（Southern California Mediation Association）会长，并参与了洛贾斯诉高等法院案中核心摘要的联合作者。

迈克尔·A. 兰德勒姆博士（J.D）是明尼苏达州伊代纳的阿米莉科德冲突管理咨询机构（AMERICORDConflict Management Consultants）以及伯克 & 兰德厄姆事务所（Burk& Landrum）的联合创始人。他在全美范围内调解了超过 2500 个案件，最大标的额达到了 2200 万美元。这些案件涉及国内、国际争议，包含了两方当事人或多方当事人的情况，并遍及商事交易、建筑工程、劳动补偿、证券等许多领域的争议。

贝纳德·迈耶博士是科罗拉多州博尔德市的合作决策咨询机构（CDR Associates）的合伙人。迈耶自 20 世纪 70 年代末期开始担任调解人、斡旋人员、培训负责人、研究员，并负责争议解决体系研究。他调解并促成和解的调解案件涉及人力资源、公共政策、民族事务、商事、家庭、社区以及政府间等领域的争议。著有《争议解决动态：实务指导》（The Dynamics of Conflict Resolution: A Practitioners Guide，《乔西·巴斯》2000 刊）和《除了中立性：争议解决所面临的危机》（Beyond Neutrality: Confronting the Crisis in Conflict Resolution，《乔西·巴斯》2004 刊）。

罗德尼·A. 马克斯是位于佛罗里达州迈阿密和阿拉巴马州伯明翰的厄普丘奇·华生·莱特 & 马克斯事务所（Upchurch Watson White&Max）的合伙人。他从事调解、仲裁、商事诉讼以及上诉案件等法律实务已经超过了 30 年。他是阿拉巴马州民事诉讼调解规则的起草者之一，且已经在超过 1500 件诉讼案件中提供了数千次的调解服务（他尤其擅长处理多方当事人及集体诉讼案件以及复杂的两方当事人案件）。他处理的案件涉及过失致死、人身损害、合同交易、欺诈和胁迫、疏忽过失、劳动、歧视、环境、反垄断、证券保险等领域的争议。

尼娜·梅尔丁是美国全国范围内争议解决和调解领域的领军人物，她从事调解以及调解培训已有 20 年，曾任家事调解学会（Academy of Family Mediators）会长，同时还是争端解决学会（Association of Conflict Resolution）理事会成员，并曾在其他调解和争议解决组织中任职。她还是加利福尼亚州凡吐拉市调解中心的负责人和高级调解人。她调解了超过 3500 个争议案件，并在国内以及国际范围内为行业协会、法院、学区、中介机构、政府、医疗中心、公司和高校培养了数以千计的争议解决人才。

保罗·莫妮卡蒂是在密歇根州特洛伊市执业的全职调解人和仲裁员。他在多元化争议解决体系的各个方面都有着丰富的实践经验。从 1978 年开始，他参与调解了数以千计的侵权和商事争议，这些争议涉及了几乎所有的部门法领域。他经手的争议解决案件的标的总额超过了 10 亿美元。

他同时也有接受法庭委任担任仲裁员、调解人、案件评估员、涉诉财产管理员、专家证人、公断人、事实证人等，并曾在案涉数十亿美元的道康宁隆胸产品保险赔偿诉讼案件中担任争议解决主事人。他经常针对多元化争议解决的各项议题发表演讲和文章。同时，他也参与法院委任调解人以及私人调解人的培训教学活动。

克里斯托弗·W. 穆尔博士是科罗拉多州博尔德市的合作决策咨询机构（CDR Associates）的合伙人。他被认为是国际范围内领先的理论家、实践者以及培训者。他在有关环境、组织、公共政策和个人等方面的调解有着丰富的经验，并且是《调解的奥秘》（The Mediation Process）一书的作者。

米歇尔·奥布拉多维奇就职于阿拉巴马州伯明翰的莱斯争议解决有限公司（Wise Resolution LLC），同时也是一名有经验的调解人。她活跃于国际调解人学会，争议解决协会，美国律师协会和伯明翰律师协会，并经常在各种专业论坛就调解技巧和调解人的职业伦理问题发言。她是桑福德大学（Samford University）的客座副教授，同时也是坎伯兰美国律师协会代表团调解代表队的指导人。

本内特·G. 皮克尔是费城斯特拉德利·罗农·斯蒂文斯 & 扬律师事务所（Stradley Ronon Stevens & Young, LLP）争议解决组的合伙人。他带领的争议解决团队有十位律师，专注于争议解决领域的法律实践。皮克尔在调解、仲裁领域有着丰富的经验，主要作为调解人和仲裁员在复杂商事争议、多方当事人的案件中提供服务，并也提供关于争议解决的顾问咨询意见。皮克尔是国际调解人学会（International Academy of Mediator, IAM）和美国诉讼调解人协会（American College of Civil Trial Mediators）的会员。

里克·拉塞尔是位于加拿大多伦多的艾格利公司（Agree, Inc.）的负责人，具有法学本科背景。他在争议解决领域有着丰富而广泛的实践，曾作为民事诉讼律师、申诉专员、调解人、仲裁员、事实证人以及培训讲师开展业务。从1998年开始，里克调解了超过2000件调解案件，其中包括商事交易、人身损害、工伤事故保险及一般保险、职场及劳动、不动产、人权、建筑工程、破产、房地产和土地使用等领域的争议。

杰夫·夏普在过去的18年中同时在新西兰和澳大利亚开展商事诉讼业务，直到1998年年底，他在新西兰最大的诉讼律师事务所之一担任合伙人，并占据着诉讼业务最大的市场份额。杰夫·夏普擅长的专业领域囊括合同、证券、银行和商业财产诉讼的内容。他的调解事业自20世纪初期开始起步，如今已经辞去律师职务，并全职投身调解事业。他现在是一名专门从事商事调解的大律师。

约翰·R. 范温克尔是美国调解和多元化争议解决领域公认的专家之一。他曾任美国律师协会争议解决专业委员会的主任，并从1994年起成为一名全职调解人和仲裁员。他的代表作为《调解——正本清源的法律理想》（Mediation: A Path Back for the Lost Lawyer，美国律师协会2004期刊发）以及《多元化争议解决规则注解》（Rules on Alternative Dispute Resolution Annotated，西海岸出版集团2005年出版）。他的调解业务集中在复杂合同、商事以及保险领域的争议问题。

理查德·J. 韦勒在渥太华执业，是加拿大最负盛名的商事调解人，具有法学本科背景，现任加拿大律师协会多元化争议解决专业委员会主任。同时他还是2004年安大略省律师协会多元化争议解决杰出律师奖获得者，并作为渥太华大学法学院（University of Ottawa Law School）的客座教授，他讲授国际与国内的调解、和解、仲裁以及其他争议解决内容与专业课程。他是加拿大多元化争议协会特许调解人，同时也是国际调解人学会（International Academy of Mediator, IAM）的会员。他是很多国内以及国际调解组织的在册仲裁员、调解人，这其中就包括国际知识产权组织（WIPO）。

拉尔夫·O. 威廉斯在超过1300个争议案件中担任调解人和仲裁员。他擅长处理涉及保险条款以及理赔范围、欺诈、人身损害、律师代理、会计、房产经纪和保险经纪的渎职、不动产、商事等领域的争议。

玛丽亚姆·扎德过去十年在加利福尼亚州、纽约州、新泽西州等区域开展诉讼律师业务。她曾在人身损害、医疗事故、职业责任、毒害物质侵权等案件中担任原告或是被告的代理人。玛丽亚姆成功调解了包括商事、业主责任、医疗事故、劳工退休金保障法案、侵权以及上诉的各类案件。玛丽亚姆是培普丹大学法学院施特劳斯争议解决研究中心（Straus Institute for Dispute Resolution at Pepperdine Unversity）的法学硕士。作为其培养方案的一部分，她协助杰弗里·克里维斯调解了许多争议案件。在2005年9月，玛丽亚姆与克里维斯作为全职调解人开始专注于劳工退休金保障法案、就业、人身损害、商事等领域的争议解决。

索　引

W

X

Y

Z

图书在版编目(CIP)数据

遇/预见未来的法律人:美国30名顶尖调解人的成功路径 / [美]杰弗里・克里维斯(Jeffrey Krivis)，娜奥米・勒克斯(Naomi Lucks)著；许捷译.
—北京:法律出版社，2016.12(2017.3重印)
ISBN 978-7-5197-0272-4

Ⅰ. ①遇… Ⅱ. ①杰… ②娜… ③许… Ⅲ. ①调解(诉讼法)—案例—美国 Ⅳ. ①D971.25

中国版本图书馆CIP数据核字(2016)第274442号

遇/预见未来的法律人
美国30名顶尖调解人的成功路径
[美]杰弗里・克里维斯(Jeffrey Krivis)
[美]娜奥米・勒克斯(Naomi Lucks) 著
许捷 译

责任编辑 赵明霞
装帧设计 乔智炜

开本 710毫米×1000毫米 1/16
版本 2017年1月第1版
出版 法律出版社
总发行 中国法律图书有限公司
印刷 中煤(北京)印务有限公司

印张 17.25 **字数** 221千
印次 2017年3月第2次印刷

经销 新华书店
责任印制 沙 磊

法律出版社/北京市丰台区莲花池西里7号(100073)
网址/www.lawpress.com.cn

投稿邮箱/info@lawpress.com.cn
举报维权邮箱/jbwq@lawpress.com.cn
销售热线/010-63939792/9779
咨询电话/010-63939796

中国法律图书有限公司/北京市丰台区莲花池西里7号(100073)

全国各地中法图分、子公司电话:
统一销售客服/400-660-6393

第一法律书店/010-63939781/9782
上海公司/021-62071010/1636
西安分公司/029-85330678
深圳公司/0755-83072995

书号: ISBN 978-7-5197-0272-4 **定价:** 68.00元
(如有缺页或倒装，中国法律图书有限公司负责退换)